“新疆企业发展研究”学术丛书

The Research on the Problem of the Transformation and Upgrading of Xinjiang Private Enterprises in the Construction of the Core Area of the Silk Road

丝绸之路核心区建设中新疆民营企业转型升级问题研究

王海芳◎著

FE 东北财经大学出版社
Dongbei University of Finance & Economics Press

大连

图书在版编目（CIP）数据

丝绸之路核心区建设中新疆民营企业转型升级问题研究 / 王海芳著. —大连：东北财经大学出版社，2017.5

（“新疆企业发展研究”学术丛书）

ISBN 978-7-5654-2729-9

Ⅰ. 丝… Ⅱ. 王… Ⅲ. 民营企业-企业改革-研究-新疆 Ⅳ. F279.245

中国版本图书馆CIP数据核字（2017）第064724号

东北财经大学出版社出版发行

大连市黑石礁尖山街217号 邮政编码 116025

网 址：http：//www.dufep.cn

读者信箱：dufep @ dufe.edu.cn

虎彩印艺股份有限公司印刷

幅面尺寸：170mm×240mm 字数：141千字 印张：10.25

2017年5月第1版 2017年5月第1次印刷

责任编辑：李 彬 吉 扬 责任校对：曲丽博

封面设计：冀贵收 版式设计：钟福建

定价：32.00元

教学支持 售后服务 联系电话：（0411）84710309

如有印装质量问题，请联系营销部：（0411）84710711

2016年度新疆财经大学专著出版

基金资助项目

总 序

“一带一路”战略把新疆推向了改革开放的浪尖和前沿，新疆能否真正建好“核心区”，发挥枢纽、桥梁、示范效应，企业的发展成为关键环节。

新疆的地缘优势和资源优势决定其是“丝绸之路经济带”交通和能源通道的关键节点，新疆企业迎来了核心区建设的黄金期。新疆处于亚欧大陆的中心位置，是亚太与欧洲两大经济圈的重要节点和枢纽，新疆的企业将要担当起两大经济圈的核心资源、能源、劳动力配给整合的功能，这必将给新疆整体企业能力提升带来历练机遇和平台。就资源开发来看，新疆拥有丰富的各种资源和能源，是我国重要的能源生产区，能源合作将成为“一带一路”战略实施的突破口，而新疆企业参与国际能源合作开发、加工利用的前景非常广阔。同时新疆是东西方文化的交汇点，新疆与中亚国家文化共生的人文优势是新疆企业进一步“走出去”，开展区域合作的有利条件。新疆企业应以此为契机加快形成大开放的经济格局，充分利用地理位置、自然资源、劳动力资源等优势，当好建设“丝绸之路经济带”的主力军，争取把新疆建设成为经济带上重要的交通运输中心、商贸物流中心、文化科技中心等，成为经济带上的核心区。在新常态视角下努力融入“丝绸之路经济带”的建设之中，这将有利于形成新疆企业实现自身发展的新空间，有利于引入新的动力来促进企业的发展。

新疆企业发展是政府、学术、社会各界人士关注的核心问题，需要各方面进行充分的理论探索和实践调研。新疆财经大学是一所以经济学、管理学为主，多学科协调发展的自治区重点建设大学，现已形成全方位、多层次的人才培养体系。学校设有企业战略研究所、企业品牌研究所和中亚经贸研究院等研究机构，拥有新疆企业发展研究中心、中国（新疆）与中亚区域经济合作研究中心等自治区普通高校人文社科重点研究基地，建立了新疆财经大学创新创业基地，具有区域经济学、金融学和国际贸易学 3 个博士二级学科授权点和应用经济学博士后流动站。学校在发展过程中，始终坚持为新疆经济建设服务，为推进新疆社会稳定和长治久安服务。在国家“一带一路”战略的背景下，学校进一步加速向“新疆名牌、西北一流、全国知名、辐射中亚”的有特色、高水平教学研究型财经大学目标推进。为此，学校及时对相关研究成果进行梳理和整合，推出了“新疆企业发展研究”学术丛书。该丛书包括三本专著，涉及丝绸之路经济带背景下新疆民营企业转型升级问题、提升新疆服务企业竞争力问题以及新疆外向型农业发展及出口加工基地建设问题等重大主题。具体包括以下方面：

1. 专著《丝绸之路核心区建设中新疆民营企业转型升级问题研究》

新疆经济工作会议和十九个省区援疆、丝绸之路经济带建设、“核心区”建设等一系列利好的政策和历史机遇摆在新疆民营企业面前，新疆民营企业要努力调整自身的发展策略，顺应发展的趋势，进行转型升级。达尔文说过：“那些能够生存下来的并不是最聪明和最有智慧的，而是最善于应变的。”

新疆民营企业在促进新疆经济发展和增加地方财政收入、加强民族团结和维护社会稳定、增加就业和改善民生方面发挥了重要的作用。截至 2015 年底，新疆民营企业约占企业总数的 98%，创造产值占 GDP 的 30%，纳税占 35%，就业人数比重达 73.2%。民营企业涉足能源生产、设备制造、交通运输、批发零售、餐饮服务、商贸流通、矿产开发、农副产品加工、建筑建材、民生建设等各个领域。但是，新疆民营企业发展的整体状况与中央关于新疆跨越式发展和长治久安的要求相比还不适应。一是比重低，二是企业规模小，三是发展层次低，四是发展不均衡，五是财政贡献小。因此新疆民营企业未来还有很大的发展空间。

该书以新疆民营企业为研究对象，通过问卷调查和实地调研访谈，收集大量翔实的资料，通过这些基础资料分析新疆民营企业发展的现状、存在的主要问题；通过文献分析法、主成分分析法，归纳新疆民营企业转型升级的规律，从而发现新疆民营企业转型升级的影响因素，总结出新疆民营企业转型升级路径和相关的政策建议；通过广汇集团、特变电工、美克公司、帕尔拉克地毯厂、新康有限公司五个企业发展案例，揭示企业转型升级的过程，验证该书提出的新疆民营企业转型升级的影响因素及转型路径案例研究法，分析案例企业转型升级的具体办法。

2. 专著《新疆服务企业竞争力研究》

人类社会经历从农业经济到工业经济，再到服务经济的社会经济形态，这是一个不可抗拒的历史潮流。相对于农业生产活动和工业制造占主导的经济发展阶段而言，服务经济是以服务活动为主的更高层次的经济发展阶段。随着服务经济时代的到来，服务业在国民经济中的地位日益提高，服务企业竞争力已成为一个国家或地区综合竞争力的重要决定因素。服务业兴旺发达是新疆区域经济发展跃上新台阶的一个显著标志，也是新疆实现社会稳定和长治久安的战略目标的强大动力。在经济全球化和社会分工细化的过程中，区域经济的发展将更多地依赖于服务业。

当前，新疆服务企业正面临着新疆大建设、大开放、大发展的历史机遇，也面临着国内外服务市场的激烈竞争。新疆服务企业必须有效开展服务营销，提升服务企业的市场竞争力，才能创造和维持持续的竞争优势。所以，新疆服务企业正步入一个崭新的天地，积极开展新疆服务企业竞争力研究正当其时。

该书在对国内外相关研究文献进行系统梳理之后，运用企业竞争力等相关理论，采用规范研究与实证研究相结合的研究方法，对新疆服务企业竞争力进行了系统研究：对新疆服务业发展历程进行简要回顾和考察，总结了新疆服务业发展的结构特征，提出了新疆服务业发展潜质与战略构想，全面系统分析了新疆服务企业发展中的问题与成因以及新疆服务企业发展面临的机遇与挑战；讨论了新疆服务企业竞争力的影响因素，构建了新疆服务企业竞争力评价的指标体系；选择了具有典型意义的新疆本地的特色餐饮企业、零售企业、旅游企业和物流企业竞争力进行分析与评价；分析了新疆服务企业竞争力提升必须采取差异化战略、顾客价值战略及新疆服务企业竞争战略模式选择；讨论了新疆服务企业竞争战略的实现路径，即制定正确的服务市场营销组合策略；从政府的层面提出了要促进新疆服务企业竞争力的提升，必须树立新观念、实施新体制和健全新机制，加大政策引导和保障，加强科技支撑工作，组织实施服务企业的名牌战略。

3. 专著《新疆外向型农业发展及出口加工基地建设研究》

新疆是农牧业大区，农业发展是地区经济发展的重要环节，发展外向型农业对于实现新疆经济统筹发展意义重大。新疆特色农业资源繁多，自 2000 年以来新疆农产品贸易快速增长，年均增长率达 12%，中亚是新疆农产品出口的主要市场，面向中亚的农产品出口品种多、数量大，中亚诸国对新疆农产品的需求旺盛，充分扩大特色农产品出口的地缘优势和资源优势，能够极大地推动新疆外向型农业的发展。发展外向型特色农业，通过加工贸易带动特色农产品向西扩大出口是新疆农业发展的潜力所在，也是提升新疆农产品国际竞争力，增加农民收入的战略选择。中亚五国与新疆农产品消费互补性强，市场潜力巨大。近年来，新疆农产品出口中亚快速增长，在新疆昌吉、喀什、塔城、伊犁等地区形成了瓜果、蔬菜、清真食品等面向中亚的特色农产品生产加工和出口基地，基地正逐步成为新疆特色农产品开拓中亚市场的重要载体和平台。

外向型农业作为新疆外向型经济的支柱是今后新疆经济发展的重要支撑力量，如何将新疆外向型农业的发展置于国际贸易发展的大环境当中，进行突破式发展、对外向型农业的未来进行综合性的战略规划，是当前的重要课题。

该书介绍了全球农业贸易发展的总体环境，并分析了全球农业贸易环境对新疆外向型农业发展的影响；从农产品出口以及新疆农产品出口加工基地等方面着手进行了详尽的现状分析；用 SWOT 分析法将新疆外向型农业的发展有机地置于当前面临的国际贸易大环境当中进行深入分析；对当前影响外向型农业发展的诸多因素进行梳理，从中找出影响新疆外向型农业发展的主导因素，分析其对新疆外向型农业发展的影响机理；研究了当前新疆特色农产品出口加工基地的规模、运行等相关情况，并分析了发展中存在的问题；提出了新疆外向型农业发展的模式选择，以山东和新疆为例对比了农产品出口加工基地的模式及经验借鉴，在此基础上提出新疆农产品出口加工基地建设模式选择，并进一步分析了农产品出口加工基地的管理思路及营销战略；对新疆外向型农业发展和新疆农产品出口加工基地建设提出有针对性的对策建议。

总体上看，本套丛书具有以下一些鲜明的特色：首先，能够紧密结合“丝绸之路经济带”核心区建设背景下新疆企业发展中面临亟需解决的焦点和核心问题进行研究，具有较强的咨政作用；其次，各专著根据研究主题的需要注重实施多学科交叉研究，在理论创新层面上有显著提升；最后，本丛书能够综合运用多种研究方法，以数量或实证分析来支撑研究结论，立论坚实。本丛书得到新疆财经大学出版基金和企业管理重点学科经费、国际贸易重点学科经费等的资助。该丛书的出版发行，不仅有利于推动相关研究领域的深入发展和繁荣，更可以为“丝绸之路经济带”核心区建设提供重要的智力支持和决策参考。

“新疆企业发展研究”学术丛书编写组

2016 年 9 月 9 日

前　言

“一带一路”战略把新疆推向了改革开放的浪尖和前沿，新疆能否真正建好“核心区”，发挥枢纽、桥梁、示范效应，企业的发展成为关键环节。新疆企业中占绝对数量的是民营企业，近年在新疆社会经济发展中作用越来越突出：截至 2016 年底，新疆共有民营企业 22.94 万户，注册资金 16 483.60 亿元，从业人员 163.15 万人，三项指数同比增长率都在 20%以上。民营企业已是维护新疆社会稳定和长治久安的重要载体，是推进改革、扩大开放和促进就业、改善民生的重要力量。发展民营企业既是一项重要的经济工作，也是 项重人的政治任务。

党的十八大以来，中央和自治区始终坚持“两个毫不动摇”的方针，高度重视发展民营经济。紧紧围绕社会稳定和长治久安总目标，新疆坚决贯彻落实中央关于发展民营经济的一系列重大战略决策部署，始终坚持解放思想、不断深化改革开放、大胆进行实践探索，先后提出了一系列推动民营经济加快发展的新理念、新观点、新举措，大力营造有利于民营经济发展的良好环境和氛围，有力推动了新疆民营经济持续快速健康发展和民营企业家健康成长。新疆于 2015 年 10 月首次专门高规格召开了促进民营经济发展工作会议，出台了《自治区党委、自治区人民政府关于大力推动民营经济加快发展的意见》（新党发〔2015〕15号），调整充实了自治区发展民营经济协调领导小组，建立健全了自治区民营企业维权联席会议机制，把“推动落实自治区促进民营经济发展工作会议和《关于大力推动民营经济加快发展的意见》”列为2016年自治区党委常委会工作要点之一，对全区各地各部门的贯彻落实情况进行了专项督查。全面深化改革以来，新疆鲜明地提出“放手发展民营经济”，制定出台了一系列优惠政策，大力推进民营经济配套改革试验区试点工作，并专门安排民营企业家代表参加自治区党委经济工作会议。同时，民营企业积极“走出去”发展，主动融入国家“一带一路”战略，特别是丝绸之路经济带核心区建设，已经成为建成小康社会，早日实现伟大复兴中国梦的一支生力军。

但是，新疆民营企业发展的整体状况与丝绸之路“核心区”建设的要求相比还不适应：一是经济占比较低，二是企业规模小，三是发展层次低，四是发展不均衡，五是财政贡献小。该如何改善新疆民企现状？答案是实现民企的转型升级。制约新疆民营企业转型升级的因素有哪些？民企转型升级的路径和模式有哪些？这些问题成为当前政府、企业和社会各界关注的核心问题。

本书分8章展开研究。前面的3章主要是提出问题、相关理论基础分析、新疆民营企业现状分析。第4、5章主要是分析问题的过程：展开大量的理论推演、实证检验。第6、7、8章是解决问题：找到新疆民营企业转型升级的制约因素、发展路径、对策建议、案例研究（以广汇集团、特变电工、美克公司、帕尔拉克地毯厂、新康有限公司五个企业发展案例，揭示企业转型升级的过程，验证本研究提出的新疆民营企业转型升级的影响因素及转型路径）。

本研究得出三个重要结论：第一，企业内部的因素（尤其是企业家因素）是新疆民营企业转型升级的主导力量，国家政策因素是新疆民营企业转型升级的外部激发力量。第二，新疆民营企业可以有七种转型和四种升级路径。第三，企业可以从五个方面、政府可以从四个角度，双管齐下，共同促进新疆民营企业的转型升级。

创新主要体现在理论探索和方法研究上。理论方面，本书提出基于动态能力的新疆民营企业转型升级影响因素模型，推进了企业转型升级的研究；方法方面，本书在大样本实证检验中使用了因子分析、相关分析、回归分析、结构方程模型分析等，最后还用案例研究方法进行验证，在研究方法上有一定的创新。

本书是国家社科基金项目"'一带一路'战略下新疆企业投资中亚市场进入方式选择研究"（16BGL077）和新疆教育厅哲学社会科学重点研究基地重大项目"新疆民营企业转型升级与可持续发展研究"（XJEDU 050213A01）的阶段性成果，由新疆财经大学和新疆财经大学工商管理学院资助出版。书中第 8 章的 8.1 节由高强博士执笔，8.2 和 8.3 节由李季鹏副教授执笔，其余部分及全书的统稿由王海芳教授完成。

王海芳

2017 年 3 月

目　录

第1章　导论

1.1　研究背景及研究意义

1.1.1　研究背景

（1）中国伟大复兴的战略机遇期需要新疆民营企业转型升级

地方和企业发展与国家发展和命运息息相关。在19世纪，中国曾经是世界上人口最多和经济最发达的国家。1820年，中国经济总量占世界经济总量的比重达到33%。1840年以来，中国经济开始逐步衰退，中国经济总量占世界经济总量的比重持续下降，比重最低时只有1.62%，经济衰退历经了100多年的时间。到1949年新中国成立以后，特别是改革开放以来，中国经济开始进入伟大复兴阶段，中国进入了快速发展时期。2000年以来，中国经济总量占世界经济总量的比重持续提高，2011年，中国已超过日本成为全球第二大经济体。根据国际货币基金组织（IMF）统计，2015年中国的GDP是67.67万亿元人民币，占全球 GDP 的 15.5%。在今后的 10~20 年，即 2025—2035 年，中国经济总量占世界经济总量的比重将大幅度提高，中国将成为世界经济强国。按照美国和英国的经济发展周期的历史经验，那时中国跨国公司在世界 500 强企业中的比重也有望大幅度提高。

中国要成为世界制造强国还有很大的发展空间，中国经济伟大复兴强盛之路还很长。因此，新疆经济发展和民营企业的转型升级要从未来中国成为世界制造强国的战略目标来考虑，抓住中国伟大复兴的战略机遇期，切实增强企业创新能力，拥有国际视野和国际竞争力，把企业做大做强。

（2）“丝绸之路经济带”核心区建设让新疆民营企业大有可为

2013 年 9 月 7 日习近平总书记在哈萨克斯坦纳扎尔巴耶夫大学演讲时首次提出了共建“丝绸之路经济带”，这为中国对外开放勾勒了新的蓝图，并且为新一轮的向西开放、西部大开发提供了历史机遇。2014 年 5 月，第二次中央新疆工作座谈会提出，新疆要“加强铁路等基础设施建设，发展现代物流，立足区位优势，建设好‘丝绸之路经济带’核心区”。2015 年 3 月底，国家三部委联合发布《推动共建丝绸之路经济带和 21 世纪海上丝绸之路愿景与行动》，新疆被国家赋予“丝绸之路经济带”建设核心区的战略定位。

新疆的地缘优势和资源优势决定其是“一带一路”交通和能源通道的关键节点，新疆民营企业迎来了核心区建设的黄金期。新疆处于亚欧大陆的中心位置，是亚太与欧洲两大经济圈的重要节点和枢纽，新疆的企业将要担当起两大经济圈的核心资源、能源、劳动力配给整合的功能，这必将带来新疆整体企业能力提升的历练机遇和平台。就资源开发来看，新疆拥有丰富的资源和能源，是我国重要的能源生产区，能源合作将成为“一带一路”建设的突破口，而新疆民营企业参与国际能源合作开发、加工利用的前景非常广阔。同时新疆是东西方文化的交汇点，新疆与中亚国家文化共生的人文优势是新疆民营企业进一步“走出去”，开展区域合作十分有利的条件。

新疆民营企业应以此为契机加快形成大开放的经济格局，要充分利用地理位置、自然资源、劳动力资源等优势，当好建设丝绸之路的主力军，争取把新疆建设成为经济带上重要的交通运输中心、商贸物流中心、文化科技中心等，成为经济带上的核心区。在新常态视角下努力融入“丝绸之路经济带”的建设之中，融入向西开放的进程之中，这将有利于形成新疆民营企业实现自身发展的新空间，有利于引入新的动力促进企业的发展。

（3）当前新疆的经济发展阶段是新疆民营企业转型升级的繁盛期

新疆在 2015 年的人均 GDP 为 40 034 元人民币，正进入人均 GDP 6 000~10 000 美元的经济转型时期，进入产业结构加快调整、战略性新兴产业加快发展的重要时期；进入企业加快产业链向上下游延伸发展，产品和产业跨区域、跨行业发展转型中的组织创新和管理创新的关键时期。

考察发达国家经济发展水平变化过程，主要发达国家在 20 世纪 70—80 年代实现人均 GDP 从 6 000 美元向 10 000 美元转变。美国、法国、德国等国家在 20 世纪 70 年代中期用 5 年左右的时间完成了转变。英国、日本、意大利、加拿大、澳大利亚在 20 世纪 70 年代后期和 80 年代中期用 7~10 年的时间完成了转变。韩国、葡萄牙等国家在 20 世纪 90 年代用 6 年的时间实现了转变。

根据发达国家和部分发展中国家经济发展水平变化过程，在人均 GDP6 000~10 000 美元转变阶段的经济发展具有经济增长速度趋缓，三次产业结构保持平稳变化，技术创新投入明显增加，高技术产业加快发展，技术创新体系、技术创新法律及政策体系不断完善等基本特征。

新疆在“十二五”时期期末达到了人均 GDP6 000 美元，“十三五”时期将是人均 GDP 从 6 000 美元向 10 000 美元增长的转型时期，进入产业结构调整的关键阶段，是做大做强企业、推进工业制造业从劳动密集型向资本密集型和技术密集型转型升级的攻坚阶段，是加快发展战略型新兴产业和高技术产业的重要阶段，是增强新疆民营企业创新能力、加快发展现代服务业与制造业互动发展的非常重要的时期，新疆民营企业转型升级中需要加大力气，夯实基础，做大做强。

（4）“新疆精神”为新疆民营企业转型升级打气

新疆精神是新疆经济社会发展和企业转型升级的源泉。“爱国爱疆、团结奉献、勤劳互助、开放进取”的新疆精神，不断凝聚和团结着新疆各族人民，让在新疆这块热土上生活的人们更加勤劳、大胆地开创未来，成为指导新疆民营企业发展转型的精神动力和文化优势。

新疆文化是在长期的建设发展过程中逐渐形成和发展的，企业文化是企业在长期发展过程中经营理念和企业精神的积淀和提炼。在新疆民营企业的发展历程中，多数企业提出了具有新疆和自身特色的企业文化，将勤劳互助、开放进取的精神融入企业的理念中，但能真正形成自身特色文化体系并且指导企业发展的还不多。当前新疆民营企业发展进入重要的转型升级时期和跨区域发展时期，需要用具有特色的企业文化和企业价值取向来凝聚企业员工和统一思想。新疆民营企业要抓住“新疆精神”与新疆民营企业文化互动的大好时期，加快自身特色的文化体系建设，更好地指导新疆民营企业的转型升级。

1.1.2 研究意义

（1）理论意义

现有的对新疆民营企业的研究多是通过统计年鉴的数据和调查进行现状描述，缺乏深厚理论推演基础上的研究，新疆民营企业转型升级背后的影响因素到底是什么？尚未有明确的答案。本书在动态能力理论的基础上，研究新疆民营企业转型升级的影响因素，提出新疆民营企业转型升级的类型和实现路径。通过对案例企业的研究，给出新疆民营企业转型升级的政策建议。本书深入研究了民营企业转型升级的问题。

（2）实践意义

新疆民营企业在促进新疆经济发展和增加地方财政收入、加强民族团结和维护社会稳定、增加就业和改善民生方面发挥了重要的作用。截至 2015 年底，新疆民营企业约占新疆企业总数的 98%，创造产值占新疆 GDP 的 30%，纳税占 35%，就业人数比重达 73.2%。民营企业涉足能源生产、设备制造、交通运输、批发零售、餐饮服务、商贸流通、矿产开发、农副产品加工、建筑建材、民生建设等各个领域。但是，新疆民营企业发展的整体状况与中央关于新疆跨越式发展和长治久安的要求相比还不适应，具体表现在如下方面：一是比重低。2015 年，西北五省区民营经济比重依次为陕西 49.5%、宁夏 48.6%、甘肃 38%、青海 31.5%，新疆只有 28.6%。二是企业规模小。2014 年新疆注册资金 1 亿元以上的民营企业 1 099 户，而内蒙古是 7 971 户。三是发展层次低。2015 年新疆民营企业三产比重为：2.9：49.4：47.7，甘肃同一年同一数据则为 14.7：45.1：40.2。四是发展不均衡。乌鲁木齐一地的民营企业就占全区民营企业总数的 50%以上，南疆三地州民营企业发展明显滞后。五是财政贡献小。2015 年民营企业纳税比例陕西为 51.75%，新疆仅为 35%。

正因为如此，新疆民营企业未来还有很大的发展空间，本书研究新疆民营企业转型升级的影响因素与对策问题，不仅是响应国家的号召，与国家的大政方针保持一致，也是新疆民营企业自身生存发展的客观要求。新疆经济工作会议和 19 个省区援疆、丝绸之路经济带建设、“核心区”建设等一系列好的政策和大好机遇摆在新疆民营企业面前，新疆民营企业只有努力调整自身的发展策略，顺应发展的趋势，才能更好地生存发展。达尔文也说过：“那些能够生存下来的并不是最聪明和最有智慧的，而是那些最善于应变的。”

本书以新疆民营企业为研究对象，通过问卷调查和实地调研访谈，收集大量翔实的资料，分析新疆民营企业转型升级影响因素和实施对策等，以期能给新疆民营企业转型升级与可持续发展提供参考。

推动新疆民营企业转型升级，不仅是新疆民营企业经济的一场深刻变革，也是新疆民营企业思想观念的一场深刻变革。政府、企业各个层面营造氛围、多头并进、加快转变提升，期待新疆民营企业有更好更快的发展，为新疆经济建设贡献更多的力量。

1.2 国内外研究现状述评

1.2.1 关于企业转型升级的概念和内涵

国外学者没有找到一个统一的词来代表转型升级，而是分企业转型和企业升级两个部分进行论述。“转型”的说法在 20 世纪 80 年代才从工程领域引入到经管领域，后来延伸到数学、医学、语言学、社会学和经济学等领域。Levey 和 Merry （1986）从管理组织的角度定义了企业转型升级的内涵，将企业转型描述为一种彻底的、全面的变革，认为企业转型需要解决企业的核心流程、精神、意识、创新能力和进化等方面的问题。Kilmann 和 Covin（1988）从管理学角度出发，认为企业转型是反思企业过去的行为、现在的做法和未来的使命和目的，并且做出所有的必要方法以完成改变的整体过程。M.M. Klein （1996）指出，企业转型是企业的经营环境发生变化时，为求生存和发展、突破经营瓶颈而采取组织调整或目标转换的战略，改变企业的组织结构，创造出适应环境变化的新经营模式。Mintzberg（1996）用五个 P 来展示企业转型需要做出的行动，包括计划、定位、形态、展望和部署。

国内方面，林温正（2001）指出企业转型是企业根据不同的竞争环境和产业需求做出一系列的改变，如调整产业选择，改变组织内部的管理状况等。王吉发（2006）定义了狭义的企业转型，认为其是由于企业所在行业的竞争力下降或吸引力减弱而采取的企业变革，包括两种变革：一种是主动变革，另一种是被动变革。采取产业转移寻求新的利润增长点，包括多元化策略、投资转向战略，或者完全退出原有行业。吴家曦（2009）认为，企业转型就是企业跨出原有核心技术或经验进入新的领域，主要指企业在不同行业或不同领域的转变。

关于企业升级方面，Gereffi（1999）最早明确提出企业升级概念，从价值链的角度建立分析框架，考察了东亚服装业买方市场产业链的组成和运行情况，分析了上下游企业的产品分工问题，认为企业升级是企业进入到盈利能力更高的资本和技术密集型行业的过程。同样，Humphrey 和 Schmitz（2000）也是从价值链角度，认为企业升级是通过提高企业的技术水平，生产较高附加值的产品，从而提高企业竞争能力和增加市场占有率。他们将企业升级分为四种方式：过程升级、功能升级、部门升级、产品升级。Poon（2004）比较直观地指出，企业升级就是企业从生产劳动密集型的低附加值的产品逐步转向生产高附加值的资本和技术密集型的产品。

综合国内外学者的研究成果，本书认为企业的“转型升级”包括两个方面：（1）由低附加值、低技术水平向高附加值、高技术水平转变；（2）由粗放型管理状态向精细型管理状态演变的过程（包括管理方法和经营手段等的调整），最终实现产品竞争力的提高和企业能力的提升。

1.2.2 企业转型升级的影响因素

国外关于企业转型升级影响因素的分析注重于企业内部方面，尤其是强调技术创新能力在企业升级中的作用。Winter（2003）指出企业具有的创新精神和创新导向的文化能加速企业转型升级的速度。Gans 和 Stern（2003）认为一国和地方政府构建的技术创新环境对企业的转型升级有很大的支持和帮助作用。我国研究企业转型升级影响的文献主要有：隆国强（2006，2008）认为企业转型升级的因素主要有劳动力供给、技术水平、创新能力、体制因素、政府政策、产业基础和技术吸收能力以及产品的国际竞争力。在定性分析的基础上，黄菁、杨三根（2006）建立了简单的计量模型，用来分析影响我国企业转型升级的原因，包括技术进步、外商直接投资、要素禀赋条件、国内产业结构等。孔伟杰（2012）在浙江省制造业企业大样本调查问卷的基础上，运用二元选择模型发现：企业创新能力是企业转型升级最关键的因素；企业规模对企业转型升级具有明显的正向促进作用，中型企业更倾向转型升级；外部市场结构对企业转型升级影响并不确定，政府财政资助的刺激作用并不明显。熊勇清（2013）分析了传统企业转型升级主要影响因素以及“政、企、银”三方在传统企业转型升级过程中的利益诉求差异，建立了转型升级影响因素与转型升级绩效间的关系模型，研究的结论是“政府政策导向”和“金融中介组织（银行）支持”在传统企业转型升级中具有重要作用。杨树青（2014）研究认为企业内部的因素对转型升级的作用最大，其次是社会组织因素和政府因素。

从国内外关于企业转型升级的影响因素的研究情况和结论来看，企业转型升级的主要因素可以归纳为两个维度：企业外部的因素（宏观的国家政策因素、中观的产业政策和环境因素）和企业内部的各项管理因素。本书也拟从这两个维度对新疆民营企业转型升级的影响因素进行分析，提出相关假设，并用新疆民营企业的调研数据进行验证。

1.2.3 关于企业转型研究的视角和转型模式

国外学者主要从核心竞争力、动态能力等方面来研究企业转型升级。Lee 和 Chen（2000）提出了以核心竞争力为基础的代工企业转型升级模型，提出了代工企业构建企业竞争力的方法，以及如何协调发展各业务之间的联系。Teece，Pisano 和 Shuen（1997）强调了企业必须培养动态能力，企业动态能力的获得主要是通过系统整合企业内部各种资源，不断学习先进管理经验和技术，让企业具备适应外部不断变化的环境的能力。Kaplinsky 和 Morris（2001）研究认为，企业升级是分步骤分阶段呈阶梯状逐步进行的，一般是先进行工艺流程革新，然后是产品和功能改造，最终是价值链的升级，不过有时中间也有部分跨越、甚至是倒退的情况。Humphrey 和 Schmkz（2000、2002）在价值链基础上指出了工艺流程升级、功能升级、产品升级、跨产业升级等四种企业升级的模式。这四种升级模式在中国台湾、日本和韩国普遍存在。

国内研究企业转型升级模式的学者主要从价值链理论、加工贸易企业的转型升级以及中小企业发展等方面展开研究。其中从价值链理论角度研究的主要有：张辉（2006）、文宣（2007）、王志乐（2015），他们主要从价值链的形成过程、动力机制和利益分配等方面展开了研究。杨永清（2012）、耿伟（2015）等从加工贸易企业的转型升级方面进行了研究，认为加工贸易企业的转型升级要与国家的对外开放政策相结合，充分发挥企业的自身优势，改善企业的管理和服务水平，由国内逐步向国外转变，最终实现企业走出去战略。戎雪梅（2010）、孔伟杰（2012）、田中伟（2012）等对制造型企业从整合资源，调整产品结构、自主创新、产业集群、结合政府政策进行统筹发展等进行研究。吴群（2011）提出中小企业转型升级的基本思路，认为应该纠正中小企业管理创新存在的过度管理、无管理升级、追随流行管理等误区；以信息化建设为突破口促进中小企业管理创新；构建优秀企业文化，实现从中小企业行政文化向企业文化转型；推进中小企业的管理战略创新等措施。刘桂梅（2012）在研究中小企业转型升级的问题上，则更强调政府的支持和对新兴产业的培育、对集群的推动等因素。另外，研究转型升级的国内学者还有刘志彪（2005），仁家华、王成樟（2011），熊勇清（2013）、杨树青（2014）等，他们分别从传统行业的产品质量、供给和价格、学习和创新能力、价值链和产业集群方面研究企业的转型升级。

对企业转型升级的研究，国外和国内学者有不同的角度和切入点，在企业转型升级方面都进行了有益的探索，积累了相关的理论和方法。但是大多研究的都是内地的企业，新疆民营企业面临的环境和内地企业有着很大的差异性，如何把握新疆民营企业面临的各种机遇，寻找适合新疆民营企业转型升级之路还没有相关的研究。本书在调研新疆民营企业实际情况的基础上，探讨新疆民营企业转型升级的影响因素，最后提出新疆民营企业转型升级的对策。

1.2.4 关于新疆民营企业的研究

近些年对于新疆民营企业主要有以下研究：

陈建华在2003年发表了论文《进一步改善新疆民营企业发展环境》，论述了新疆民营企业的发展环境总体上好转，但是还存在着一些制约因素，主要是政府方面和资金方面的因素。孟英玉在2003年发表了论文《加快新疆民营企业群聚化发展的探讨》，论述了新疆民营企业是21世纪振兴新疆区域经济发展的支柱力量。新疆民营企业要充分利用其群聚化优势，加快企业群聚化发展。苏树军在2003年发表了《论新疆民营企业发展政策定位的选择与分析》，指出新疆民营企业支柱产业群的发展方向和立足点，并提出优先发展支柱产业，促进民营企业发展的有关对策建议。周世忠在2005年发表了《新疆民营企业发展的问题分析》，论文中分析了新疆民营企业的现状与存在的问题。

徐敏、马乃毅在2006年发表了《新疆乌昌地区50家民营企业发展状况调查研究》，论文通过大量的实际数据来说明50家民营企业发展中存在的问题，并提出健康发展新疆民营企业的对策建议。赵锡平在2007年发表了《西部大开发战略对新疆民营企业外向型发展的影响及其相关对策研究》，通过论述西部大开发战略的实施给新疆带来的机遇与挑战，揭示新疆民营企业存在的问题，并提出了新疆民营企业外向型发展的有效措施。孙景兵在2007年发表了《新疆民营企业集团发展面临的问题及对策研究》，从发展民营企业集团的意义出发，论述新疆民营企业集团的现状和存在的难题，并提出了对策措施。秦放鸣在2007年发表了《从浙江经验看大力发展新疆民营经济》，认为政府解放思想、更新观念、转变职能、求真务实是浙江省民营经济快速、持续发展的重要保证；大胆实践、敢为天下先、以商为荣的思想理念是浙江省民营经济迅速发展的原生动力；新疆民间发展民营经济的内在冲动不如浙江，因而必须靠政府的强制推动。

库尔班江·艾则孜在2010年发表了《新疆民营企业存在的问题及对策》，文章论述了发展民营经济存在的问题，必须重视民营企业的发展，采取打造企业文化、提高职工素质，加强管理、积极引导民营经济逐步建立现代企业制度等可行的发展策略。唐先滨在2012年发表了《新疆地区民营经济发展研究》，认为新疆民营经济在发展过程中尚存一些问题，集中表现在民营经济发展环境问题、民营经济增长方式及区域分布不平衡、融资瓶颈等问题，因此需要从思想认识、软环境建设、调整产业结构、拓宽融资渠道、加强民营企业创业者的培训及建立长效督察机制等角度思考解决路径。梁渊、李季鹏在2015年发表了《成长经济视角下新疆民营企业发展路径研究》，认为新疆民营企业现阶段存在追捧“多元化”战略和忽视人才强企的问题，并从成长经济理论出发得出盲目“多元化”和忽视人才重要作用的企业战略会使企业的长期发展陷入“彭罗斯效应”，最后得出新疆民营经济未来发展之路应该是充分利用自身资源禀赋和加强人才积累以实现在成长经济的基础上去多元化。即走以“专”“精”促“强”，以“强”而“大”的发展战略。

通过以上文献总结新疆民营企业发展面临的主要问题是：（1）融资难、招工难；（2）企业家素质不高；（3）企业发展缺乏战略引导；（4）不注重品牌建设；（5）创新的动力和意识淡薄。而解决这些问题需要政府和企业双方的努力。

现有的对新疆民营企业的研究没有回答新疆民营企业转型升级背后影响因素到底是什么？本书在动态能力理论的基础上，研究新疆民营企业转型升级的影响因素，关注的是新疆民营企业在面临内外部的经营环境变化时，可以通过改善哪些影响因素才能促进转型升级，大幅地改善经营绩效，持续地维持企业竞争力。通过对案例企业的研究，给出新疆民营企业转型升级的政策建议。

1.3 研究思路、内容

1.3.1 研究思路

首先，本书通过问卷调查和实地调研访谈，收集大量新疆民营企业的资料，通过这些基础资料分析新疆民营企业发展的现状、存在的主要问题；其次，通过文献分析法、主成分分析法，归纳新疆民营企业转型升级的规律，从而发现新疆民营企业转型升级的影响因素；再次，根据研究给出新疆民营企业转型升级路径和相关的政策建议；最后，通过案例研究法，分析案例企业转型升级的具体办法，以期能给新疆民营企业转型升级提供参考。本书研究思路如图 1-1 所示。

1.3.2 研究内容

本书分为 8 章内容来进行研究：

第 1 章，导论。概括了研究背景和研究意义，对于转型升级的影响因素和关于新疆民营企业的研究进行了综述，提出了研究思路和研究内容、研究方法和创新点。

第 2 章，理论基础。主要是本书研究使用的基本理论、竞争优势理论和动态能力理论。

第 3 章，新疆民营企业发展现状与存在的问题。对新疆民营企业发展现状进行了总结，主要有：民营经济总量快速增长，比重稳步提高，民营企业规模进一步壮大，民间投资活力旺盛，民营企业成为吸纳就业的重要力量。民营企业税收贡献稳步提高，民营企业“走出去”步伐加快，民营企业集团发展强劲有力。对新疆民营企业转型升级中面临的问题进行了分析：新疆民营企业的经营成本不断增加，新疆民营企业的技术创新研发能力普遍较弱，新疆民营企业融资渠道有限，融资成本高，新疆民营企业人力资源整体素质不高，新疆民营企业需要进一步提升市场地位。

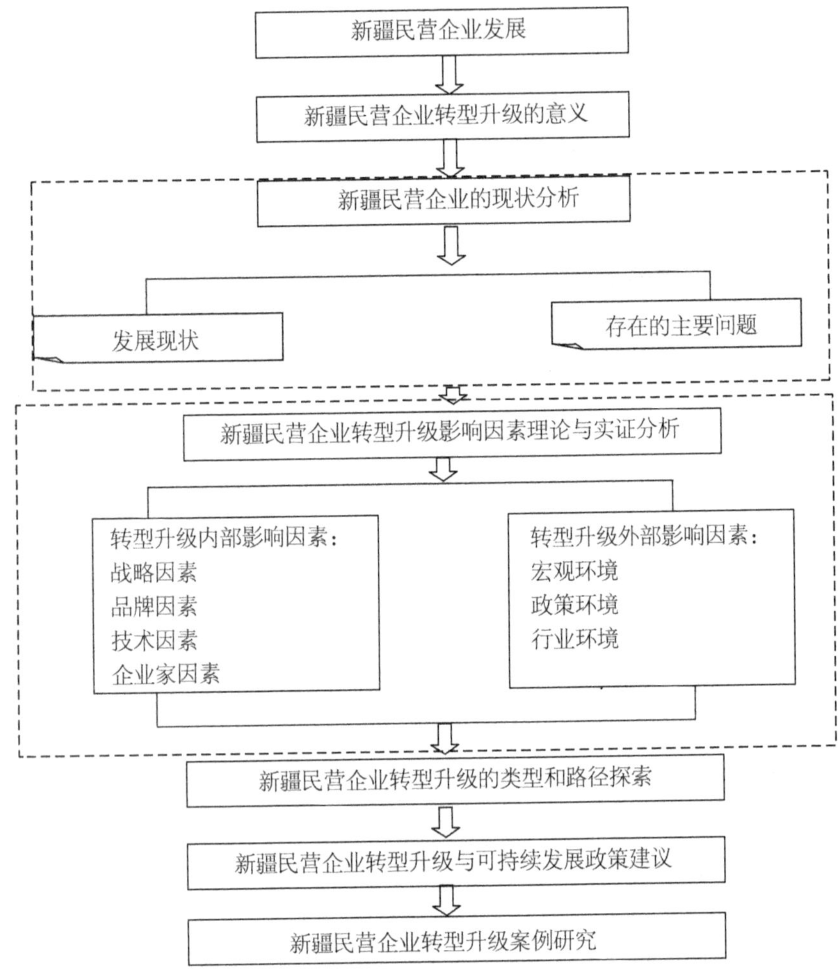

图 1-1 本书研究思路

第 4 章，基于动态能力的新疆民营企业转型升级影响因素模型研究。从动态能力与转型升级的内涵和联系出发，在企业动态能力形成过程的基础上，形成基于动态能力的企业转型升级一般机理，分析新疆民营企业转型升级影响因素，提出相关假设，形成基于动态能力的新疆民营企业转型升级影响因素概念模型。

第 5 章，新疆民营企业转型升级影响因素的实证研究。在上一章概念模型基础上，依次对概念模型中涉及的研究变量详细界定，进行问卷设计与检验、因子分析、结构方程模型验证，对验证后的模型要素进行分析。最后得出以下两个结论：第一，企业内部的因素是新疆民营企业转型升级的主导力量（企业管理团队的战略眼光是新疆民营企业转型升级的核心力量，企业的创新理念和文化是新疆民营企业转型升级的重要力量，企业的品牌管理是新疆民营企业转型升级的主要力量，企业现有的技术基础是新疆民营企业转型升级的基础力量，企业的资金实力和资金筹措能力是新疆民营企业转型升级的重要保障，企业人力资源状况是新疆民营企业转型升级的重要保障）；第二，国家政策因素是新疆民营企业转型升级的外部激发力量。

第6章，“核心区”建设中新疆民企转型升级的类型与路径。分为两部分：首先是企业转型分析，然后是企业升级分析。企业转型主要从组织、产业两个层面进行总结：组织层面的转型主要有品牌转型、商业模式转型、经营模式转型、战略转型；产业层面的转型主要有产业集群转型和产业布局转型。新疆民营企业升级之路可以分为四种类型：技术创新升级、产品架构升级、品牌传播升级、信息化管理升级。每一部分又具体分析了升级类型和路径。

第7章，“核心区”建设中新疆民企转型升级相关政策建议。分别从企业和政府层面提出了相关的建议。企业层面的建议有：科学决策与精细化管理，提升员工工作绩效；注重技术创新，加大技术创新投入；提升企业人力资源水平，加快创新人才队伍建设；重视品牌管理，加快企业品牌价值提升；综合运用多样化融资，尝试互联网融资。政府层面的建议有：建立健全合作培养人才机制，创造条件引人留人；落实全面深化经济体制改革，破除传统观念的歧视；加强金融和财政优惠对企业自主创新的支撑；建立政府服务创新与企业发展转型的互动创新工程。

第8章，“核心区”建设中新疆民企转型升级案例研究。一共分析了5家新疆民营企业转型升级案例，分别是2015年新疆民营企业100强中排名前三位的新疆广汇集团、特变电工、美克公司，民族企业代表帕尔拉克地毯厂，国际化转型成功的新康有限公司。在每个案例中首先介绍了企业的发展历程，然后总结企业转型升级的影响因素，最后对案例进行点评。

1.4 研究方法和可能的创新

1.4.1 研究方法

（1）定性分析法

通过文献和相关理论研究进行归纳分析；选择多年从事企业管理研究的科研专家、相关部门政府官员及民营企业人员进行访谈，对新疆民营企业转型相关政策进行深入分析。

（2）定量分析法

本书根据研究问题的需要，采用问卷调查法。选择样本单位对有关企业转型的影响因素等进行问卷调查。本书还采用案例研究法，分别选取新疆大、中、小型的民营企业，针对转型升级问题进行案例研究。

1.4.2 创新点

（1）研究内容的创新之处

现有的对新疆民营企业的研究多是通过统计年鉴的数据和调查进行现状描述，缺乏深厚理论推演基础上的研究，新疆民营企业转型升级背后影响因素到底是什么？尚未有明确的答案。本书在动态能力理论的基础上，研究新疆民营企业转型升级的影响因素，提出新疆民营企业转型升级的类型和实现路径。通过对案例企业的研究，给出新疆民营企业转型升级的政策建议。本书深入研究了民营企业转型升级的问题。

（2）研究方法的创新之处

根据本书的研究框架与研究设计，并针对研究问卷回收数据的特性，主要采用SPSS统计软件作为实证的主要分析工具，分析方法包括问卷总体信度分析、被访企业的基本资料分析、因子分析、相关分析等。在此基础上利用AMOS等统计分析软件，对理论模型进行验证、分析和评价工作。在最后一部分中大量使用案例研究方法进行研究。本书在研究方法上有一定的创新。

第2章　理论基础

2.1　竞争优势理论

为什么一些企业会比别的企业在市场上表现更好，更具竞争性？答案是竞争优势。拥有竞争优势的企业能在特定产业中超越竞争对手，获得更高的利润和业绩表现（Porter，1980）。因此，竞争优势理论逐渐成为企业管理的研究重点。根据对企业竞争优势的来源分析不同，可以将现有的竞争优势理论分为两个流派：外生论和内生论。外生论观点主要以 Porter 的竞争优势理论为代表，内生论观点主要以 Wenerflet、Barney 的资源基础观，Prahalad、Hamel 的核心竞争力以及 Teece 等人的动态能力观为代表。

2.1.1　竞争优势的外生理论

竞争优势理论的外生论起源于哈佛大学教授梅森提出的 SCP 范式（即市场结构（structure）－市场行为（conduct）－市场效率

(performance)),SCP 的分析范式指出,企业的绩效会受到外部环境的冲击,即市场结构的影响,处于不同的市场结构又会影响企业的决策和行为,从而最终影响企业的绩效。迈克尔·波特(Michael E. Porter)基于这一理论体系提出了产业结构理论,波特认为影响产业的竞争结构的五种力量决定着产业吸引力的大小和利润空间的可能性,企业的竞争优势来源于有吸引力的产业和在产业里的有利的竞争地位。认为产业的竞争情况由五种力量决定:供应商讨价还价的能力、买方讨价还价的能力、替代商品的替代威胁、潜在进入者的进入威胁、现有企业的竞争。这五种力量决定了产业的竞争力量、竞争格局和利润空间的大小。在不同的产业,这五种力量的竞争状况和大小不同,也就是说一个产业的长期平均利润水平取决于该产业的市场结构。例如,钢铁、纺织等竞争激烈的行业,利润空间相对较小,而且很少有一家公司能够赢得超过平均市场利润率的回报;而像 IT 行业、金融行业等却有很大的盈利空间,很多公司都能够迅速脱颖而出,成为行业的佼佼者。波特进一步指出,企业竞争优势主要来源于采用产品和服务的低成本或者差异化来实现,随之提出了企业获取竞争优势的三种基本竞争战略:成本领先战略、差异化战略和专一化战略。波特认为,是否能够在市场上获取竞争优势是企业成败的核心所在,竞争战略就是首先要选择有吸引力的产业,然后选择一个有利的竞争地位。

随后就有学者发现有些企业同在一个产业内,利润水平差异却要大于产业间不同企业的利润水平差异,这一现象普遍存在于各个行业,而这激发了很多学者进一步去探究其原因。而竞争优势外生论认为企业的竞争优势来自于企业所处的外部市场环境,企业所获的超额利润来源于领先的市场地位。但是,竞争优势外生论忽视了企业的内部条件对竞争优势的影响。一些实证研究表明,处于同一产业内的企业盈利能力的差异并不低于不同产业之间的企业利润差异(R.P.Rumelt,1982)。这些发现使人们怀疑竞争优势外生论所持的市场环境决定企业绩效水平的论断。实际上,同一产业环境下,不同企业的竞争状态不仅受到产业环境等外部环境的影响,更重要的是受到企业的内在因素(包括企业战略、内部资源和能力等)的影响。同时,也有学者指出,企业的内在因素,也就是企业自身的能力才是影响企业长期生存和发展的强有力因素（Scholl，2002）。

2.1.2 竞争优势的内生理论

竞争优势外生论的观点认为企业的竞争优势主要受企业外部环境的影响，但一直未能解决企业“黑箱”的问题，也未能揭示企业竞争优势的内在根源。20世纪80年代中期以来，许多学者开始将企业竞争优势的来源转移到企业内部，研究企业自身因素在决定企业绩效中的作用，深入企业内部寻找企业竞争优势的源泉和企业成功因素，从而产生了企业资源基础论（RBV，Resource based view）、企业核心能力等理论。呈现“百花齐放、百家争鸣”的景象，他们的角度不同，但是都认为企业内部因素是获得市场竞争优势的决定性力量，企业内部的异质性资源和能力积累才是企业获取超额利润、创造力和持续竞争优势的关键来源，所以将这些理论统称为竞争优势内生论。

（1）资源基础论

资源基础论是建立在彭罗斯的企业成长理论的基础上。彭罗斯（Penrose，1959）认为，企业成长的动力来自企业内部独特的力量和资源，企业成长的本质是一个基于综合知识累积性增长的演化过程，企业的资源决定企业成长的方向与极限。根据彭罗斯的理论，企业成长会受到两方面因素的限制：企业所控制的生产资源组合和用以协调这些资源的管理框架。除了审视企业内部以分析企业成长能力以外，他还观察到企业所控制的生产资源组合在不同的企业明显不同，他为生产资源定义了一个宽广的范围，开始研究诸如管理团队、高级管理层和创业技能生产这些刚性生产资源的竞争力，彭罗斯还将创业技能视为一种可能的生产资源进行分析。他打破了新古典经济学将企业作为“黑箱”的研究传统，从企业内部探寻企业间差异性和多样性的根源。20世纪80年代，在企业成长论基础上，一些学者深入研究了企业内部的资源与竞争优势之间的关系，并形成了以资源为基础的企业竞争优势观点，简称为“资源基础论”。

Wernerfelt（1984）正式提出了RBV，认为企业内部资源对获得超额利润和维持竞争优势具有重要意义，因此企业以资源替代产品的思考角度来从事战略决策，对企业更有意义。Wernerfelt 的主要贡献是发现企业资源结构在执行产品市场战略并获取竞争优势中的巨大作用。Rumelt（1984）试图解释企业存在的原因，强调企业创造经济租金的能力。Barney（1986）也认为企业长期绩效的差异与其拥有的资源特征有关，并且他引进战略要素市场概念，即企业用于获取或发展其战略资源的市场。Barney（1991）发表了《企业资源与持续竞争优势》的论文，他认为企业的竞争优势是指企业执行的价值创造战略，同时没有现在的或潜在竞争对手采取相同的战略。Demsetz 和 Cool（1989）对 Barney 的理论做了进一步的拓展，探讨了那些已为企业所控制的资源之所以能够产生经济租金的原因。格兰特（Robert M.Grant，1991）、柯林斯（David J. Collis）和蒙哥马利（Cynthia A. Montgomery，1997）等人又进行了丰富和完善，他们把企业看作各种资源所组成的集合体，将重点放在特定资源和特定的战略要素上，并以此来解释企业的可持续竞争优势的源泉，认为企业的竞争优势源自于企业所拥有的独特的异质性资源，以及对这些资源进行巧妙的配置。

（2）企业能力基础论

虽然资源基础论从一定程度上弥补了竞争优势外生论的不足，但并不是企业内所有的资源，尤其是可以通过市场交易获得的有形资源，都能够转化为企业的竞争优势的源泉。针对资源基础论的不足，一些学者开始从企业利用和组织资源的能力视角探寻竞争优势的来源，发掘隐藏在资源背后的利用资源的能力才是企业竞争优势的深层次源泉。企业能力理论的起源可追溯到塞尔兹尼科（Philip Selzmck，1957）的研究，他在《行政管理中的领导行为》一书中首次用独特竞争能力来表示企业同其竞争者相比在某方面做得更好的情况，他把管理过程中能够使一个企业比其他企业做得更好的特殊物质称为组织能力或独特竞争力，并认为企业的内部因素会影响企业的成功机会。本质上说，企业能力理论是资源基础论的进一步发展，只是资源基础论把能力看作资源的一种，没有像企业能力理论一样特别突出能力在企业竞争优势形成与维持过程中的重要作用。

企业能力理论研究者的分析框架和视角有很多种，但其基本思想存在一些共同之处。其中，最有代表的是普拉哈拉德（C.K.Prahalad）和哈默尔（Gary Hamel，1990）的企业核心能力或核心竞争力（core competence），他们认为核心能力是“企业中的积累性学识，尤其是如何协调不同技术和整合各种技术流的能力”。企业的核心能力更多地源自于对无形资产的培育和管理，形成有价值的、稀缺的、难以模仿、不可复制的能力，核心能力是企业形成持续竞争优势的源泉，识别、培育、扩散和运用核心能力是企业获得长期竞争优势的决定性因素。企业的长期竞争优势主要来自于能够比竞争对手更快速且低成本地建立起独特的核心能力体系，通过组织学习和将个人能力内化为企业的能力是获取长期竞争优势的根本途径。

以核心能力理论为代表的企业能力理论的缺陷在于对“能力”缺乏明确的界定，他们几乎把企业所有的内生条件都认为是“能力”，涵盖面过于宽广，没有形成一套完整的理论体系。还有就是，核心能力是企业长期积累的能力，可能会产生一种难以适应外部环境变化的惰性，从而使企业更容易沉湎于已获得的优势，对于外界环境变化所带来的机遇和威胁反应迟钝，形成核心能力刚性，使得长期来看企业的竞争优势不可持续，甚至遭到侵蚀和毁灭。

2.2 动态能力理论

动态能力的概念是由Teece等人在1994年发表的论文《企业的动态能力》中提出的，之后，Teece等在1997年的《动态能力与战略管理》一文中，对动态能力理论作了进一步完善，此后，学者们从不同的视角对动态能力理论进行了研究，成为当前战略管理领域的前沿理论之一，形成了基于战略管理、演化经济学、组织学习、技术创新、知识管理等分析范式的理论观点，取得了丰富的研究成果，本书主要对动态能力的内涵、特征、形成过程、影响因素、作用机制及其对企业绩效的影响等主要研究成果进行综述。

2.2.1 动态能力的内涵和定义

从 Teece 等提出了动态能力的概念以后，学者们对动态能力就展开了不同角度的研究，但对其具体内涵尚未形成统一认识。根据研究的侧重点和解释的角度，我们把对企业动态能力内涵的研究概括分为能力派、过程派和学习派（见表 2-1）。

表 2-1 **动态能力定义汇总**

派别	主要观点	定义
能力派	动态能力是资源整合的能力	动态能力是一种能使企业通过生产新产品和重构生产流程来应对外部环境变化的胜任力或能力（Helfat，1997）；企业需要发展一种关键的能力来应对环境的变化,这种关键的能力即为“动态能力”（Teece和Pisano，1994）；动态能力是企业为应对外部环境快速变化而构建、整合或重构内外部胜任力的能力（Teece等，1997）；动态能力是企业的竞争优势来源，能说明企业怎样才能应对环境变化（Lee等，2002）；动态能力是企业扩展、调整或创造常规能力的能力，是一种创造能力的能力（Winter，2003）
过程派	动态能力是企业惯例和常规的集合	动态能力是一种组织过程或战略惯例，企业通过获取、释放、整合或重组自己的资源来适应或创造市场变化，或者凭借战略惯例不断更新资源配置，以满足环境变化的需要（Eisenhardt和Matin，2000）；提出动态能力是企业更新知识结构、重构现有的内外部资源和功能能力，并与外部环境相匹配的惯例化的过程（林萍，2008）；动态能力是企业为适应快速变化的市场环境而整合和重构企业内外部资源、更新知识结构以获取持续竞争优势的能力，表现为组织惯例（包括经营性惯例和学习性惯例）的集合（陈辉华，2011）
学习派	动态能力是集体学习	动态能力在本质上是一种能使企业通过重新配置和整合自己的资源来应对不断发展的顾客需求和竞争对手的变革导向型能力（Zahra和George，2002）；动态能力是一种稳定的集体学习（活动）模式，能使企业通过系统创造或调整运营规则来提升自己的效能（Zollo和Winter，2002）；将基于知识的动态能力定义为“企业获取、创造和整合知识资源以感知、应对、利用和开创市场变革的能力”（章威，2009）

（1）能力派。以 Teece 为代表，他们认为动态能力是企业为了适应多变的外部环境而调整、整合和重构其内外技能、资源和功能的能力。

（2）过程派。以 Eisenhardt 为代表，他们认为动态能力是可以识别的特殊流程或者组织经营惯例，是一系列特殊的、可识别的过程。例如产品开发、战略决策、组建联盟等活动过程，本质上是企业的资源使用流程，特别是整合、重新配置、获取并释放资源以匹配甚至创造市场的组织与战略流程，从而使企业能够随着市场的变化形成新的资源配置和价值创造，即动态能力的实现是依赖整合资源以推动增长和实现转变的组织过程。

（3）学习派。以 Zollo 和 Winter 为代表，他们认为动态能力是一种集体的学习形式，通过这种集体学习，以产生好的组织系统，并且改进企业的运营惯例以寻求企业业绩的不断提升。

综上所述，学者们从战略管理、组织学习和演化、技术能力、知识管理等不同视角，给出了对动态能力内涵的不同理解，虽然当前还没有形成统一的动态能力概念界定，但是已经循着能力派、过程派和学习派的视角深入研究了。本书综合以上研究，认为动态能力是使企业内部资源、能力与外部环境之间相匹配的组织战略性能力，这种能力是企业创造价值和形成竞争优势的源泉。

2.2.2 动态能力的维度

在动态能力构成要素研究方面，许多学者做了相关研究。以下是几个主要的模型。

（1）Teece 等（1997）的战略整合模型

按照 Teece 等（1997）的观点，动态能力就可以界定为三个操作性的维度：定位、路径、过程。首先，定位是指不同资源组合的结构和存量，分为内部定位和外部定位。内部定位涉及企业的财务、技术等实物资产，也包括声誉、组织结构等无形资产，是企业所拥有的各种内部资源经组合后呈现的一种态势；而外部定位则是指企业的行业特征、市场地位、竞争地位等方面的情况。企业的内部定位和外部定位决定企业的各项决策和竞争优势。其次，路径是指历史与路径依赖，是企业长期的积累。最后是过程。组织或管理过程是动态能力的核心维度，包括整合、学习和再造三个过程。整合有内部整合和外部整合之分，前者是指企业内部各职能模块、资源能力、业务活动的协调与配合，而后者则是指企业对外部市场、竞争关系等各方面的整合，如并购、战略联盟、供应链管理、合作研发等各种具体形式；学习过程既包括企业内部的知识分享机制，也包括企业间的知识流动机制。学习能够使组织不断适应外部环境的动态变化，而且作为一种过程，不易被竞争对手模仿；再造过程使企业可以通过资产重组、流程再造、能力重构等来适应范式转变所提出的要求。整合过程是各种企业要素的一种静态组合，学习体现了企业运营的动态过程，再造则更是企业适应环境动态变化的一系列变革结果。

Teece 的这一模型是动态能力的一种整合观点，可用于指导企业的战略管理实践，根据这个模型，可以将企业具体的战略举措分解为三个维度来衡量企业的动态能力，并分析企业能力的动态演变过程。

（2）动态能力的阶层模型

Collis（1994）是最早正式提出组织能力阶层观点的学者，将组织能力分为三类。第一类能力是指企业开展基本职能活动的能力，如生产规划、物流配送和产品营销能力等；第二类能力是指企业动态提升各项业务活动的能力，既可以具体以研发能力、创新能力、柔性制造能力等来衡量，也可以界定为学习、适应和变革等带有过程性质的能力；第三类能力是企业认知和开发自己潜能，早于竞争对手制定开发策略并能更好地加以执行的能力，具体包括企业文化、组织惯例、管理能力、企业家精神等内容。后两类能力实际上已经涉及动态能力的范畴。Winter（2003）提出三阶能力，认为动态能力有三阶，分别是：零阶（zero-level）能力、一阶能力、二阶能力，其中零阶能力只能保证企业在市场上求得生存。比零阶能力更为高阶的就是企业应对变化的适应能力（一阶能力）以及创造新能力的能力（二阶能力）。狭义地理解，所谓动态能力就是指后两种高阶能力。Wang 和 Ahmed（2007）也提出了三阶能力的观点，认为企业所拥有的资源基础构成其零阶能力，作为企业生存技能的“狭义能力”是一阶能力，与竞争优势直接相关的“核心能力”

是二阶能力，而组织更新能力、重构能力、再造能力、环境适应能力等属于三阶能力。

（3）动态能力的能力构成模型

Eisenhardt 和 Martin （2000）认为动态能力由三个维度构成：整合资源的动态能力、重新配置资源的动态能力以及与获取和让渡资源有关的动态能力。Teece （2007）认为动态能力有感知机会和威胁的能力、抓住机会的能力和整合重构的能力。贺小刚等（2006）认为动态能力的维度有企业市场潜力、组织学习、组织变革、组织柔性、战略决断力。罗珉等（2009）认为动态能力包括市场导向的感知能力、组织学习的吸收能力、社会网络的关系能力和沟通协调的整合能力。Salunke 等（2011）指出项目型企业在实现服务创新的过程中，动态能力主要体现在偶发学习能力、关系学习能力、以客户为导向的学习能力以及整合资源的能力。

综上，动态能力的能力构成模型是研究动态能力维度的主流研究方式，多数学者认可 Teece 在 2007 年提出的三种基本能力维度的划分，因此，本书更倾向于 Teece 对于动态能力维度的划分，即感知机会的能力、抓住机会的能力和整合重构的能力。

2.2.3 动态能力的影响因素

影响动态能力形成和演变的因素，归纳起来一方面来自于企业内部资源，另一方面来自于企业外部环境，是企业资源与能力等内生性要素和外部商业生态环境、市场成长、社会关系网络等外生性因素共同作用的结果。

（1）企业内生性影响因素

Teece 等（1997）等人认为，动态能力储存在企业的管理流程和组织中，动态能力的形成是由企业的资产定位和发展路径决定的，并构建了动态能力的“定位–路径–过程”分析框架。Lserena（1999）等人认为，企业动态能力是在企业战略规划确定以后在战略执行过程中积累的，企业最后拥有的动态能力的类型是企业家决策的结果，企业家的个人特质在一定程度上决定了企业动态能力的特质，如企业家的经验、专业、抱负以及承诺等。Subba（2001）提出，动态能力的形成主要受组织设计和人力资源管理两个因素影响。一方面，组织设计时选择了不同的中层经理，从而形成不同的组织方向；另一方面，通过人力资源的选人、育人、留人等各项政策加强企业的人力资源素质，促进动态能力的形成。Rindova 和 Kotha（2001）研究认为，高层管理团队及其关于组织未来发展的信念对于动态能力的形成和企业未来的发展具有重要作用。Carlson（2003）研究认为信息通信技术和知识管理系统对于企业动态能力的形成起着积极的作用。

（2）企业外生性影响因素

Eisenhardt（2000）认为，虽然企业的动态能力主要是由企业的内部学习的过程决定，但是也受到外部的市场变动性程度的影响。在相对稳定的市场中，在相互联系但又有差异的环境中获取的经验会明显地影响企业的动态能力，频繁的、较小的环境变异可以帮助管理者逐渐塑造更高效、更具有可预测性的组织惯例。相反，在变化比较快的市场中，因为环境的变异很容易发生，所以关键的动态能力不是变异，而是进行认真的选择，动态能力关键就是“干中学”、快速反应、持续不断的更新能力。Blyler 和 Coff（2003）认为，社会资本是动态能力的重要影响因素，企业与外部的社会联系会促进不同源头的信息定量流入和流出企业，企业的管理者就会适时地使用这些信息资源，获得相应的能力，也就是企业外部因素会影响动态能力的形成。

综上所述，企业的动态能力的形成过程受到企业内外部的共同影响，也就是企业内部的管理者的个人特质、战略决策；企业外部的宏观政治经济政策、行业中的竞争对手以及相关利益者等都会影响企业动态能力的形成。

第3章　新疆民营企业发展现状与存在的问题

新疆民营经济的发展是伴随着新疆经济的快速发展而快速前进的。2000年国家开始实施西部大开发政策，新疆经济发展迎来了快速发展的大好时机。2010年全国19个省市开始对口援疆，新疆经济开始了又一轮快速发展期。2013年9月国家提出“一带一路”战略，新疆被确立为“一带一路”核心区，使原本边远的新疆成了改革开发的前沿阵地，新疆经济迎来了前所未有的机遇。2015年10月新疆召开了自治区党委政府促进非公有制经济发展工作会议，提出了新疆非公有制经济的发展目标，新疆的民营企业迎来了又一个重要的战略机遇期。作为支撑新疆经济发展的重要力量，历史的重担必将责无旁贷地落在民营企业的身上。2014年新疆民营经济发展势头良好，已经成为全区经济的重要增长点，民营经济在经济社会发展中的地位越来越突出，发挥的作用越来越明显，体现的价值越来越重要，在扩大就业、增收富民、增强活力等方面发挥了积极作用。

3.1 新疆民营企业发展现状分析

3.1.1 民营经济总量快速增长，比重稳步提高

2014 年，全区民营经济保持快速增长态势，带动作用不断增强，全年实现增加值 2 649 亿元，比上年增长 16.4%，增速高于全区 GDP 6.4 个百分点；民营经济占 GDP 的比重为 28.6%，比上年提高 0.4 个百分点。新疆民营经济增加值如图 3-1 所示。

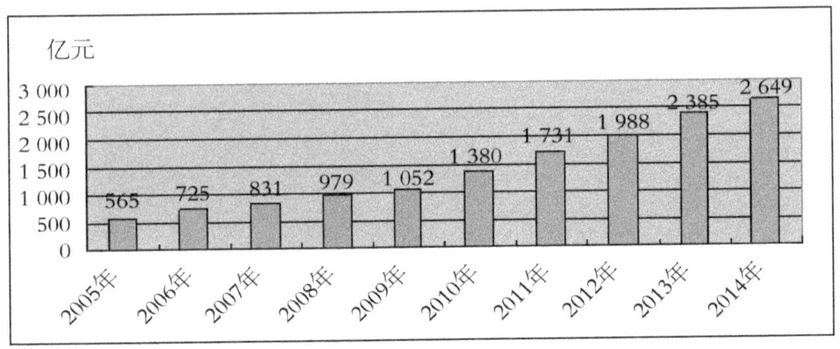

图 3-1 新疆民营经济增加值

3.1.2 民营企业规模进一步壮大

统计数据显示，2010 年全疆民营企业 10.23 万户，2011 年达到 10.7 万户，2012 年这一数字增加至 11.67 万户，比 2011 年增长 9.07%，2013 年达到 13.3 万户，2014 年 15.9 万户；2010 年新疆民营企业注册资本总额为 2 146.3 亿元，2011 年增长至 3 277.4 亿元，比 2010 年增加 52.70%，2012 年注册资本总额为 4 577.4 亿元，比 2011 年增加 39.67%，2013 年为 5 838.6 亿元，2014 年为 8 048.3 亿元，如图 3-2 和图 3-3 所示。注册资金超过亿元的民营企业达到 1 099 户，超过千万元的民营企业达到 20 118 户，上规模的民营企业集团达到 86 家。

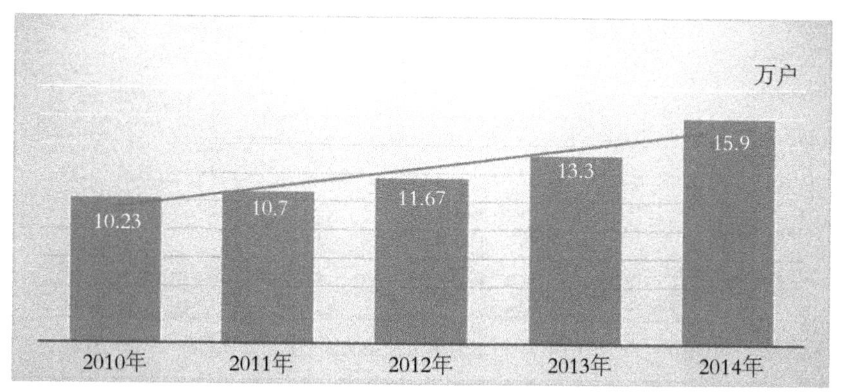

图 3-2 新疆民营企业注册数

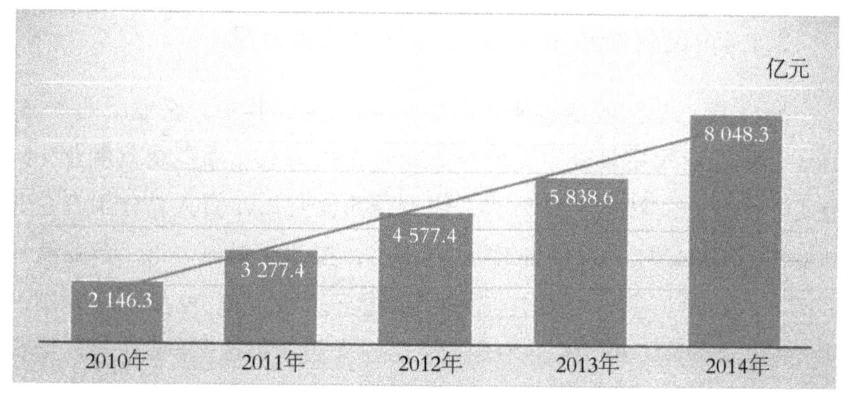

图 3-3 新疆民营企业注册资本总额

3.1.3 民间投资活力旺盛

新疆民间投资已从制造加工、商贸流通、饮食服务、房地产开发等传统产业拓展延伸到文化旅游、教育卫生、公共设施、金融服务等领域，覆盖了国民经济的大多数产业，呈现出多领域涉足、多门类发展的态势。新疆工商联规模以上民营企业调研数据表明，2014 年新疆实现全社会固定投资 9 752.83 亿元，其中民间投资 4 066.93 亿元，占全社会固定投资的比重为 41.7%。民间投资总额 2009 年为 605.1 亿元，2010 年为 1 207.86 亿元，2011 年为 1 900.02 亿元，到 2012 年民间投资总额增加至 2 268.79 亿元，2013 年底，民间投资总额为 3 217 亿元，2014 年民间投资总额为 4 066.93 亿元，如图 3-4 所示。

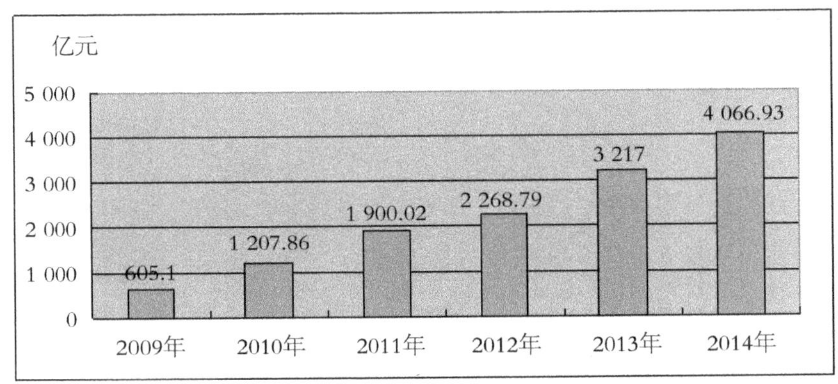

图 3-4 新疆民间投资总额

3.1.4 民营企业成为吸纳就业的重要力量

2014 年，全区城镇实现新增就业 47 万人，其中，企业就业 15.52 万人，按企业规模划分，大型企业就业 0.85 万人，中型企业就业 1.94 万人，小型企业就业 5.22 万人，微型企业就业 7.51 万人，分别占企业就业的 5.48%、12.5%、33.63%和 48.39%；按产业划分，第一产业就业 6.67 万人、第二产业就业 10.87 万人、第三产业就业 30 万人，分别占比 14%、22.9%和 63.1%。新疆民营企业从业人员达到 93 万人，增长 14.6%；个体工商户从业人员 124 万人，增长 13.5%。民营经济不仅有效缓解了城镇新增劳动力、失业人员和企业下岗职工就业，而且还吸纳了大量农村富余劳动力，已经成为吸纳就业的主要渠道之一。

3.1.5 民营企业税收贡献稳步提高

2014 年新疆国税系统管辖的民营经济纳税人为 53 万户，占全区国税系统纳税人总户数的 89%，增加 9 万户。其中，民营企业 10 万户，增加 2 万户；个体工商户 43 万户，增加 7 万户。全区国税系统管辖的民营经济纳税人纳税收入 170 亿元，占全区国税系统税收的 15.32%，增收 15 亿元。其中，民营企业纳税税收 110 亿元，增收 7 亿元；个体工商户缴纳税收 60 亿元，增收 8 亿元。2014 年全区地税系统民营企业纳税户数为 43.56 万户，其中，企业为 16.1 万户，个体工商户为 27.45

万户。民营经济纳税人年纳税 4 932 481 万元，其中，民营企业年纳税额 4 363 306 万元，个体经济年纳税额 569 175 万元。

3.1.6 民营企业“走出去”步伐加快

2014 年新疆进出口贸易总额为 276.7 亿美元，其中，民营企业实现进出口 228.13 亿美元，增长 9.8%，占进出口总额的 82.45%，拉动进出口增长 6.59 个百分点。有进出口业绩的 2 506 家企业中，民营企业 2 379 家，占 94.9%。进出口前 50 名的企业中，有 39 家为民营企业。进出口上亿美元的 65 家企业中，民营企业达 54 家，占 83%。这些数据充分表明民营经济在新疆整个经济社会发展中越来越起到决定作用，在新疆这样一个以国有企业为主导的社会经济环境中，民营企业能够在新世纪不断发展壮大并且可以预期未来不久将和国有企业各占半壁江山，这本身说明了民营经济的巨大活力和创造力。

3.1.7 民营企业集团发展强劲有力

截至 2015 年的最新数据显示，目前全区民营企业集团 121 家，有 4 家民营企业入围 2015 年中国民营企业 500 强。其中，广汇实业投资（集团）以 1 008.2 亿元的营业收入位列第 17 位；特变电工位列第 69 位；农八师天山铝业有限公司位列 247 位；农六师铝业有限公司位列 378 位，但营业收入过亿元的民营企业只有 74 家。资本市场是民营企业做大作强的重要平台，截至 2015 年 11 月末，新疆在 A 股的上市公司有 43 家，其中民营经济控股企业 17 家，占到全部上市公司的 40%。备案的上市后备企业 104 家，进入辅导备案程序的有 24 家，其中民营企业占绝大多数，这充分表明新疆民营企业有扩大规模融资的巨大需求。

3.2 新疆民营企业转型升级面临的问题

坚持稳中求进，坚持宏观经济政策连续性、稳定性，提高针对性、协调性；根据经济形势的变化，适时适度进行预调和微调；要稳中有为，要统筹稳增长、调结构、促改革，“稳”字当头，这是中央给 2015 年经济工作定的总基调。可以预计未来几年我国经济都将保持在合理区间范围内增长，经济下行风险依然存在，地方政府债务压力依然巨大，系统性金融风险发生的可能性仍然没有消除。在国内外严峻形势的多重压力下，民营企业的发展空间明显受阻，转型升级成为民营企业继续生存和发展壮大的必由之路。在调研过程当中，民营企业家们普遍反映不少行业领域不公平准入现象依然存在，技术创新的财政支持落实不到位，资金难以真正流入民营企业手中，企业融资较为困难，政府监管与服务仍不规范，人才流动性大，影响企业稳定经营，企业文化依旧难以形成，企业家缺乏变革动力和战略思维等等一系列问题，严重影响了企业的转型升级。根据已有的调研结果显示，新疆民营企业在转型升级的过程中主要面临下列难题：

3.2.1 新疆民营企业的经营成本不断增加

目前导致企业经营成本偏高的因素主要集中在土地成本、劳动力成本和税费负担三个方面。进入 21 世纪之后，在政绩导向观的作用下，在缺乏充分规划和论证的前提下，上马各种投资项目造成持续的过热投资。2008 年受到金融危机的影响，中央政府推出的 4 万亿元经济刺激计划更是加速了产能过剩，虽然 4 万亿元能够短期刺激经济的发展，但是其多米诺骨牌效应在持续发酵，造成普遍的物价上涨。

在商业和工业用地成本方面，近年来由于政府的政绩导向，大型投资项目不减反增，尤其是房地产的利润吸引，即使有中央政府的调控政策出台，但是商业银行在利益驱动下依然通过各种渠道尤其是表外业务将资金注入房地产行业，这使得商业地产热度持续升温，商业地产租金售价持续走高，新疆各地到处可见地王，不仅北疆，甚至许多南疆城市的商业租金频涨。工业用地近年来也持续升温，优质工业用地备受青睐，一方面由于住宅投资项目受到调控影响，投资资金转向工业用地，另一方面投资设厂或业务扩张也使得工业用地需求增加，工业物业也开始变成投资产品。作为新疆首府的乌鲁木齐市也未能“幸免”，由于新疆接近 50%民营企业集中于乌鲁木齐及其周边地区，其结果是企业的办公成本大幅上涨；近些年来，随着人口老龄化进程加快，年轻富足的劳动力逐渐减少，再加上政府规定的最低工资标准不断提升，劳动力成本不断增加，"人口红利"逐渐消失；在税费方面，民营企业的税费负担过重连续几年成为影响企业发展的最主要因素，尽管十八届三中全会以来，新疆政府简政放权，砍掉了许多不必要的审批手续，但是仍然有繁多的收费项目使得企业疲惫不堪。

3.2.2 新疆民营企业的技术创新研发能力普遍较弱

根据中国社科院 2014 年对民营企业的抽样调查结果显示，仅有 31.33%的企业在过去三年中建立了自己的研发机构，35.18%的企业产品技术含量有所提高，从劳动或资本密集型产品转向技术密集型产品。新疆的民营企业和全国平均水平相比，由于企业家缺乏知识产权意识，企业自身条件难以吸引技术型人才，企业自主创新能力整体较弱，一些企业主依然不能摆脱机会主义行为，这就造成了大多数中小民营企业的产品仍是劳动或资本密集型产品，且劳动密集型产品占绝大多数。其中的主要原因是：首先，企业内部机制不利于吸引人才、培养人才和激励创新，导致技术人才匮乏，创新能力薄弱。其次，是企业缺乏技术创新的专项支持资金。大多数企业希望得到政府专项科研资金支持，然而政府的科技投入体制更倾向于将大部分资金投向高等院校和政府所属的科研机构，很少投向企业尤其是民营企业。再次，是知识产权保护不到位。很多新疆民营企业担心技术研发前期投入大，投资风险也高，创新出来的新产品上市之后容易被别的企业模仿，致使企业蒙受经济损失。因此，在相关法律法规空白或界定不清、对侵权行为打击力度不够等情况下，企业在技术创新上的动力和积极性不高。

3.2.3 新疆民营企业融资渠道有限，融资成本高

企业融资除了从自身盈余来筹集资金外，主要的融资渠道还需要从外部获得。由于中国证监会对企业上市有严格的门槛限制，对企业的治理结构、财务规范、信息披露等方面要求严格，所以一般的中小型企业想要通过上市融资几乎不可能，而且上市发行需要很高的融资费用。所

以新疆民营企业大多主要靠银行贷款等间接融资渠道进行融资。虽然近些年来政府出台了许多措施支持新疆中小微企业的融资，但由于金融体制和民营企业自身的问题，在短期内无法得到彻底扭转，民营企业融资难的问题依然普遍存在。

在当前的经济环境和发展阶段下，银行等金融机构更愿意把贷款放给地方政府和国有企业，依靠政府信用和国有资产做担保风险更低，而如果把资金贷给民营企业，需要银行方面对企业的财务指标、经营状况、发展战略做大量的调查研究，费时费力。民营企业面对银行的高门槛往往无功而返，只能求助于民间借贷，于是企业融资成本自然高企不下。新一届政府上台之后，李克强总理提出：不出台刺激措施、去杠杆化、调结构，使得经济增长处于合理区间。然而在流动性总量充裕的情况下，2015 年的“钱荒”表明我国金融体系与实体经济发展不平衡、不协调的问题再次显现出来，在“钱荒”的背景下，民营企业的融资成本更是雪上加霜。我国商业银行在面对流动性收紧的情况下，依然不能从心理上摆脱对央行的依赖，因此，金融体系的不完善、不成熟也是造成新疆民营企业融资难融资贵的原因。不过，随着 IPO 的重新开闸，公司上市制度未来将从核准制转变为申请制，全国新三板扩容，允许民间资本开设民营银行等一系列的利好措施，多层次资本市场的建立会给民营企业的融资带来更多选择和机会。

3.2.4 新疆民营企业人力资源整体素质不高

新疆民营企业当中除了个别集团化发展的企业诸如广汇、特变电、华凌、美克等以及一些从事科技行业的企业人才素质较高之外，大部分民营企业的管理人才和基层员工的学历普遍偏低，高技能高层次人才较为匮乏，在对乌鲁木齐市民营企业人才使用调查中发现，高中及以下学历者超过 60%。此外，在调研中我们发现，不少民营企业家片面强调自身的工作经验和人脉资源，对于加强系统的理论学习和接受先进的管理理念积极性不高。正是企业家自身文化素质不高，企业的产权与管理权之间的关系模糊不清，极大地影响了企业人力资源的发展。虽然大部分企业家和管理者也能认识到人才的重要性，但对于培养适合自己企业的人才却缺乏信心，主要忧虑在于辛辛苦苦建立起来的培训体制和为此付出的人力财力没有回报，更担心企业培养的人才不能长期为本企业服务。在调研过程中的确发现，新疆许多中小民营企业的基层人员流动率非常高，企业的经营管理时常因为人员的流动而变得混乱，规范化的管理制度难以建立，企业文化更难以形成。所以，在员工忠诚与工作绩效之间如何选择，民营企业家们也蒙受着巨大的矛盾和痛苦。

随着新疆社会经济的快速发展，人才不足的情况也在逐渐改善，目前已经有许多在内地和国外求学的大学生和研究生们愿意来到新疆工作，但是新疆和内地一、二线大城市相比吸引力依然不足，新疆对于高技能、高素质、高学历的人才仍然缺乏足够的条件保障。中央新疆工作座谈会提出，只有跨越式发展才是新疆经济、人民收入水平缩小与全国平均水平差距的现实选择，也只有这样才能吸引更多的人才来到新疆，为新疆的经济建设和社会发展服务。

3.2.5 新疆民营企业需要进一步提升市场地位

改革开放30多年来，从公有制经济的“必要的有益的补充”到社会主义市场经济的“重要组成部分”，个体私营经济从无到有、从小到大、从弱到强，经历了波澜壮阔的发展历程，见证了中国社会主义市场经济体制的建立完善，推动了中国市场化改革的不断深入。由于所有制的不同以及我国特殊的政治环境，民营企业在市场准入中依旧占据不利地位，许多行业和领域是禁止或限制民营资本进入的，石油、电信、航空、铁路、电力、烟草、金融等领域还没有完全放开对民营资本的限制或者进入门槛极高，剩下的行业中除了房地产、互联网之外，基本利润空间都相对比较微薄，许多中小企业只能游走在中低端制造业中苦苦挣扎。在新疆的经济发展历程中，国企和央企长期扮演着主导的角色，然而这些企业的税收大部分是上缴中央政府的，对新疆的地区经济贡献能力是有限的。因此，民营经济为新疆做出的贡献是不可替代的，也是有目共睹的。

2010年5月7日中央政府颁布了“新非公经济36条”，进一步拓宽民间投资的领域和范围，明确了为非公有制经济创造公平竞争、平等准入的市场环境，市场准入标准和优惠扶持政策要公开透明，对各类投资主体同等对待，不得单对民间资本设置附加条件。2015 年国发〔2015〕54 号文件发布《国务院关于国有企业发展混合所有制经济的意见》，为推进国有企业混合所有制改革，促进各种所有制经济共同发展做了总体部署。2005 年 11 月 25 日上午，自治区十二届人大常委会第十九次会议上，关于自治区混合所有制经济发展情况的报告中提到，截至 2014 年底，自治区国资委 15 家直管企业所投资的 338 家二、三级企业中，混合所有制比例达到 60.34%；民营资本参与重大项目建设取得新突破，2015 年上半年，全区民间投资 931.20 亿元，同比增长 13.3%，占全区固定资产投资的比重达 27.5%。

国家大力推行混合所有制，标志着民营企业在市场准入等方面有所好转，但由于实施细则的操作性不高，实质性的进展还是不足，对于许多高利润行业，一般的民营企业仍很难涉足。此外，在稀缺性资源分配、融资税收政策、法治环境、创新项目申请和创新资金等方面，国有企业仍然享有各种特权。事实上，民营企业要和央企国企这样的传统大鳄展开竞争，从各个方面来讲还是很吃力，还是需要细化操作细节，支持民营企业的发展。

第4章 基于动态能力的新疆民营企业转型升级影响因素模型研究

4.1 基于动态能力的企业转型升级一般机理

研究基于动态能力的转型升级影响因素问题，首先需要明确动态能力如何影响企业的转型升级，也就是探索基于动态能力的转型升级的一般机理。对于这一问题的研究需要完成以下三个步骤：首先，从动态能力和转型升级的概念和内涵入手，明确两者的关系；其次，明确动态能力形成的过程；最后，明确基于动态能力的转型升级一般机理。

4.1.1 动态能力与转型升级的内涵和联系

根据前文第 2 章的理论研究，结合前人的研究，根据 Teece 的阐述，本书将动态能力定义为一种能力，也就是使企业内部资源、能力与外部环境之间相匹配的组织战略性能力，这种能力是企业创造价值和形成竞争优势的源泉。动态能力划分为三个维度，即感知机会的能力、抓住机会的能力和整合重构的能力。具体的结构如图 4-1 所示。

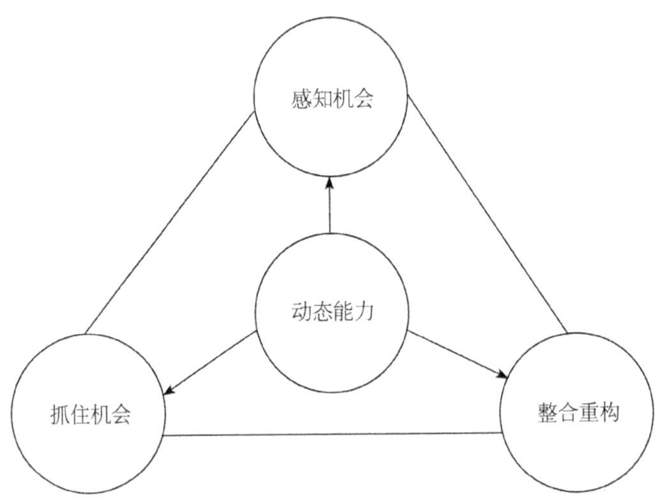

图 4-1 动态能力的构成

企业的“转型升级”包括两个方面：（1）由低附加值、低技术水平向高附加值、高技术水平转变；（2）由粗放型管理状态向精细型管理状态演变的过程（包括管理方法和经营手段等的调整），最终实现产品竞争力的提高和企业能力的提升。

从概念上看，企业的动态能力是形成企业转型升级的前提，企业转型升级是企业动态能力的结果呈现。也就是企业具备了感知机会、抓住机会、整合重构的能力，才有可能感知环境、抓住机会进入到一些新的产业，企业具备了整合重构的能力才有可能提升企业既有的技术和管理水平，由低技术、低附加值、粗放型管理状态转向高技术、高附加值、精细型管理状态。两者的关系可以表示为图 4-2。

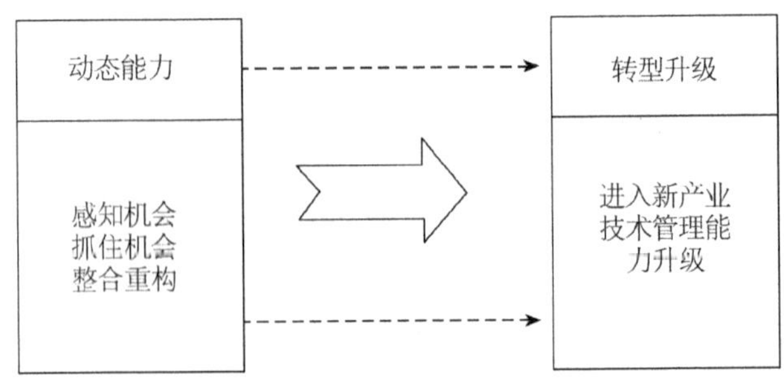

图 4-2 动态能力与转型升级的关系

4.1.2 企业动态能力形成过程

资源是企业能力的基础。企业能力形成过程表现为企业资源的积累和扩张的过程，企业的经营能力可表示为企业利用所拥有的各种内外部资源来获取规模经济、范围经济的能力。仅仅依靠企业内外的资源，很难形成企业的能力，需要管理者将所有的资源进行整合，管理者必须对将要进入的行业加以辨识、培育和保护，然后将资源转化为顾客价值。因此，管理能力不仅需要与资源相匹配， 还应主动适应行业特质。企业内部的匹配性与外部环境的适应性实际上就是一种匹配过程，其实质就是企业不断与组织内外部发生交流、反馈、互补的动态适应与平衡的过程。只有资源与能力达到一定水平后， 企业通过一系列组合和整合形成自己独特的，不易被模仿、替代和占有的战略资源，从而获得有利的外部竞争地位。因此，企业的动态能力的形成过程受到企业内外部的共同影响，也就是企业内部的管理者的个人特质、战略决策；企业外部的宏观政治经济政策、行业中的竞争对手以及相关利益者等都会影响企业动态能力的形成。企业在资源识别、资源获取以及资源的整合利用过程中形成了企业的动态能力。

（1）资源识别与动态能力的形成

动态能力由三个维度构成。第一个维度就是识别机会的能力，从资源的角度来看识别机会的能力来源于识别企业的内外部的资源。因为资源是能力构成的基础，只有很好地整合企业的内外部资源，才能形成企业创造价值的能力。企业需要具备敏锐观察环境中变动因素的能力，也就是时刻对内外部环境变化保持警觉，只有识别内外部环境中资源的变化，才能进一步地利用这种资源。一个企业在为消费者提供产品时是周而复始地按照过去的惯例生产还是敏锐地观察环境中的资源，从而进行决策，会给企业带来截然不同的结果。供应商正在研发一种新的材料，企业是否意识到这种材料是一种未来的趋势，或者是一种给顾客带来价值的材料，企业是否要给供应商一定的激励或者直接采购这种新的供应品会决定企业后续的发展。例如手机的触屏技术是 IBM 公司最早发明的，在 1993 年推出的“Simon”很可能是世界上第一款智能手机。它结合了手机和 PDA 的功能特点，并且首次内置了一块触摸屏。随后，摩托罗拉、索尼爱立信、三星、HTC 等手机厂商进行了尝试，但都没有花大的代价和时间研发，因此没有大的突破，而苹果公司却敏锐地认为触屏技术会是未来的趋势，因此进行了大量的进一步研发和设计，最终在 2007 年推出具有高分辨率、多点触控功能的 iPhone，真正确立了触摸屏的标准。而在今天，电容触摸屏已经成为一种智能手机的标准配置。苹果公司也因为这一敏锐地识别资源并进行投入的决策，而使企业一跃成为行业的佼佼者。

（2）资源获取与动态能力的形成

动态能力的第二个维度是抓住机会的能力，从资源的角度分析，抓住机会的能力来源于企业的资源获取。资源获取的基础是前述第一点提到的资源的识别，企业识别了资源并不一定意味着企业就能够获取资源，这需要企业不仅能够洞察这种资源的价值，还要为这种有价值的资源付出一定的代价，去抓住、得到，这要求企业做出实质的投资决策。微软公司是世界第一大独立软件商，产品几乎垄断了电脑软件市场，例如操作系统 Windows 系列、办公软件 Office 系列、编程软件 VS 系列、掌上电脑系统 WinCE 系列、游戏 Box 等，但并不是所有的技术都是微软自己研发的，而是市场上只要出现一款技术，这款技术是当前最先进的，微软公司就会想办法（购买、投资、兼并等等）“据为己有”，这样就确保微软公司在整个软件行业一直处于领先的地位。这种获得资源的能力也确保了微软公司的竞争优势。

（3）资源整合和利用与动态能力的形成

动态能力的第三个维度是整合重构能力，从资源的角度来讲就是整合重构能力来源于整合和重构资源。企业内外部的资源有很多种，在前述的识别资源和获取资源的基础上，把资源用活，把资源的价值发挥到极致，这需要企业能够匹配和重组资源，剖析资源的内在价值和内在关联性，让资源发挥最大的价值，从而形成新的能力。资源整合涉及很多方面：市场资源的整合主要涉及经销商的整合、顾客的整合、竞争对手的整合；供应链资源整合包括原材料供应、产品生产制造、产品分销、运送至用户的流程整合；供应商、制造商、分销商、零售商、用户的节点整合；供应链上信息流、物流、资金流及其管理的流程整合；供应链运作过程各种管理思想、管理组织、管理技术、管理方法的综合整合；政府的各种政策资源（税收优惠、许可证、产业政策等）的整合；金融资源（货币和信用资源）的整合；企业内部的资金、技术、人才、信息的整合。通过对企业的各种资源进行整合和利用形成企业的新的能力。

上述资源识别、资源获取、资源整合和利用形成了企业的动态能力，具体如图 4-3 所示。

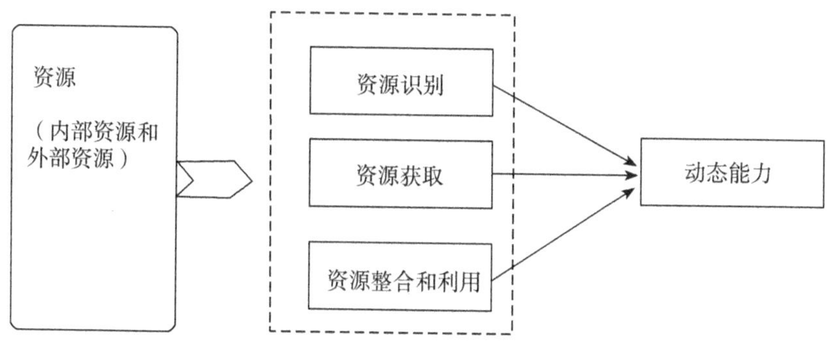

图 4-3 动态能力的形成

4.2 基于动态能力的新疆民营企业转型升级影响因素的概念模型

根据前文对动态能力的综述，动态能力形成的影响因素是企业内外部环境和要素，通过企业的资源识别、资源获取、资源整合和利用，企业的动态能力得以形成。本章 4.1 节也分析了企业转型升级是企业动态能力的结果呈现，因此，分析企业转型升级的影响因素，也从企业的内外部因素角度分析。在此基础上即可以推理得出基于动态能力的新疆民营企业转型升级影响因素的概念模型。

4.2.1 新疆民营企业转型升级影响因素分析

全球经济正处于后危机时代，世界经济仍然存在很多不确定性因素，一些突发性事件时有发生，这给世界各国各地区的经济发展带来了很大的冲击。经济新常态、产能过剩等因素加剧了企业间的竞争，企业的转型升级成为了新疆民营企业实现持续、稳定发展的必然选择。在激烈的竞争环境下，哪些因素是影响民营企业转型升级的主要因素，企业应该如何转型升级，值得我们深入思考，基于前面的分析，我们从外部因素和内部因素两个方面（如图 4-4 所示）对影响新疆民营企业转型升级的主要因素进行阐述。

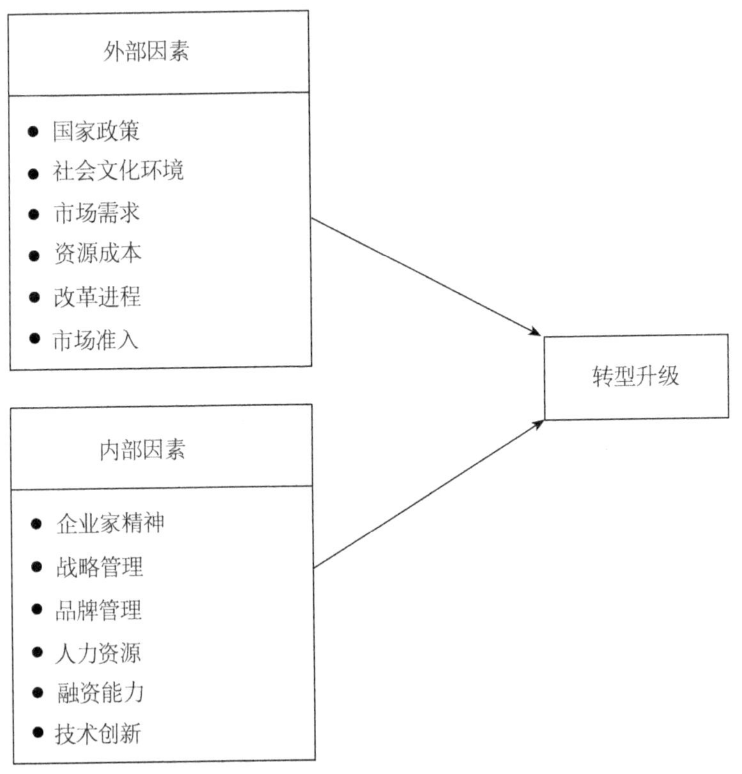

图 4-4 新疆民营企业转型升级影响因素

（1）影响新疆民营企业转型升级的外部因素

新疆民营企业转型升级的外部因素是企业发展和转型所必须要考虑到的因素，例如国家经济形势变化、社会文化环境变化、行业技术水平变化、企业当前产品市场需求、资源价格上涨的压力。

①国家政策是推动新疆民营企业转型升级的源动力

国家政策、经济形势是新疆民营企业转型升级的助推器。西部大开发战略的实施给新疆经济形势和企业发展带来了很好的外部空间，19个省市援疆又给新疆经济和企业发展带来了难得的机遇。2013年9月7日，习近平主席出访哈萨克斯坦纳扎尔巴耶夫大学演讲时提出用创新的合作模式，共同建设“丝绸之路经济带”，这给位于丝绸之路中心地带的新疆又带来了重大的发展机遇，新疆从边远地区向丝绸之路经济带的核心区转型，从国防前沿地带转向国家安全的战略大后方。2015年10月新疆召开了自治区党委政府促进非公有制经济发展工作会议，提出了新疆非公有制经济的发展目标。这些宏观经济形势的变化对新疆民营企业的转型升级都会产生很大的影响。新疆民营企业一定会在这样的外部大环境和国家政策的影响下不断前进，大胆前进。

新疆特变电工就是在国家和新疆经济政策的影响下，迅速成长起来的典型的代表。特变电工在1999—2003年间相继大胆地进行了几次兼并，把变压器行业的“大佬”——沈阳变压器厂、天津变压器厂都纳入旗下，之后大胆地走出国门，将产业和产品带到非洲、东南亚、中亚、欧洲，成为向包括输变电高端制造、电力系统集成解决方案、新能源、新材料等产业集群的世界能源事业提供系统解决方案的服务商。近年来，作为新疆本土大型高新技术企业集团，特变电工抢抓机遇，发挥优势、主动作为、借势发力，为世界能源事业提供系统解决方案，为经济社会跨越式发展、为“丝绸之路经济带”建设添砖加瓦。2015年特变电工集团居世界机械500强第224位，综合实力居中国企业500强第287位，中国机械百强第8位，品牌价值502.16亿元人民币，列“中国500最具价值品牌”第47位，销售收入居中国民营企业500强第69位。

②社会文化环境的变化对新疆民营企业转型升级提出了新的挑战

新疆民营企业的转型升级还需要考虑社会文化环境的变化给企业造成的影响。社会文化环境对企业发展的影响是自企业成立以来一直存在的，并且在不同经济社会发展阶段，不同层面，如国家层面、社会层面和消费者层面的影响不同。面对不同时期复杂的社会文化环境，传统企业必须勇于面对社会文化环境变化给企业带来的挑战，适时调整自己的发展战略，有效进行企业转型升级。近些年来，新疆着力建设好大美新疆，提出提升新疆文化的软实力战略思路，提出“爱国爱疆、团结奉献、勤劳互助、开放进取”的新疆精神。

全疆各族人民凝聚力量大力发展，尤其是一些民营企业更是抓住了这一契机大力发展。野马集团近年的发展就是一个典型的示例。1993年，中哈边境贸易的大门刚刚打开，阿勒泰野马实业公司应运而生，在一系列很好地把握了政策和新疆经济文化环境驱动因素的基础上，大胆地上了很有特色的文化旅游项目。2005年以出口8.1亿美元的业绩，成为新疆外贸龙头企业、跻身全国外贸百强企业，名列全国民营外贸企业第三名。今天的野马集团，形成了跨境电商、国际工程、金融投资、文化旅游四大板块相互支持、共同发展的崭新格局，2014年底，随着阿里巴巴、唯品会高层的到访，野马集团确定并快速实施向互联网企业转型的战略，成立了野马电商公司。2015年，李克强总理“互联网+”概念的提出，让已经站在风口上的野马更加坚定了进军互联网产业的信心。新成立的跨境电子商务公司整合了野马经营20多年的传统外贸产业，原有的进出口公司、国际货运公司、哈萨克斯坦公司、乌兹别克斯坦公司、俄罗斯公司、吉尔吉斯斯坦公司、吉木乃口岸公司一并纳入电商板块。面向俄语系国家的纯俄文电商平台正在研发当中。依靠在外贸领域20多年的积累，野马电商平台一上线，就天生具备了线上商城、线下物流两大无可比拟的优势。野马的快速发展是把握和适应社会文化变化转型升级快速发展的很好的例证。

③市场需求的日新月异是新疆民营企业转型升级的催化剂

世界上永远不变的定律就是每天万事万物都在发生变化。企业需要在新的历史时期开创新的局面，创新思路、调整策略适应技术的变化、消费需求的变化。适应、满足与创造市场需求对于新疆民营企业转型升级至关重要。从新疆民营企业的发展轨迹中，我们可以清楚地看出，企业的市场意识强、产品与市场结合快是新疆民营企业萌芽和发展成功的一个重要原因。当前要实现新疆民营企业转型升级仍然要坚持市场导向，大力发展市场驱动型企业。尤其在现阶段，由于要素成本上升，多数企业选择从低成本战略走向差异化战略，政府应积极引导企业实施市场差异化战略，以创造出新的市场需求，引领企业转型升级。要坚持高起点规划、高标准建设，但同时要避免贪大求洋，应该开发出适合市场的产品。

新疆西域春乳业有限责任公司近些年快速发展，2014年公司加工销售乳品达到8万吨，销售量位居疆内乳品行业之首，这些成绩得益于该企业对产品质量和研发的重视，更主要的是对客户和市场需求的很好把握。西域春乳业建立了国内领先的质量管控体系，建立了奶源追溯系统，先后研发出了30多种西域春系列乳品，获得第五届全国食品博览会金奖、中国第十届国际农产品博览会金奖、新疆名牌产品、新疆农业品牌产品、新疆30年来最具影响力品牌产品。畅销天山南北，远销内地20多个大中城市。根据消费者对产品环保、健康、绿色的需求，西域春研发了环保绿色包装的浓缩酸奶，得到市场消费者的大力认可。在2015年6月西域春乳业公司向新疆航空公司提供杯装酸奶作为航空食品，同年还开发出阿尔法浓缩酸奶、炭烧小子酸奶等，销售网络正在向沿丝绸之路的中亚市场延伸，使西域春乳业进入了全国乳业20强。

④成本不断升高是新疆民营企业转型升级面临的客观环境

新疆民营企业长期依赖低工资成本、低环境成本、低资源成本，这样新疆多数民营企业也会出现低利润、低发展、低技术的“三低”发展模式，转型升级是新疆民营企业实现可持续性发展的必然选择。当前原材料价格频繁波动、节能减排的标准和成本不断提升、能源价格市场化改革、利率市场化和人口红利的逐渐消失、工资成本上升和社会保障水平提高等所带来的成本提高已成为发展的大趋势，以牺牲环境和劳动者福利获得低成本投资和比较优势的发展模式已经走到尽头。新疆民营企业已经看到了这个趋势，同时剖析企业自身的优势和劣势，要从现在多数新疆民营企业长期所处的产业链低端，技术装备水平低，依靠廉价劳动力、廉价资源、廉价环境成本取得的低成本竞争状态进行转型，利用一切机会向产业价值链高端延伸，提升产品和服务的竞争力。只有这样，企业才能够在各种成本不断提升的客观环境下生存和发展。

⑤市场改革的程度和速度会影响企业转型升级

市场改革的速度和程度会直接影响新疆民营企业转型升级过程。一方面，在新疆民营企业转型升级过程中，政府需要做出根本的决策，把更多的资源配置交由市场决定，而不是政府直接干预、行政干预、微观干预经济活动，如果市场改革不充分，各监管职能部门间如果为了部门利益相互扯皮，企业的主体作用就不能充分发挥，如果企业把过多的精力放在获取扶持政策上，会影响企业对自身能力提升的关注。另一方面，如果改革不彻底，造成公共产品供给和服务不足，城市功能、环境与经济发展水平不相协调等问题，就会制约新疆民营企业转型升级。同时，融资政策和产业政策等与新疆民营企业转型升级的要求还有差距。一些企业反映，宏观调控政策与民营企业转型升级政策协调性不够，政策稳定性、全局性、长远性不足，容易导致经济波动，发展不确定性增加，企业大多注重眼前生存和发展，不利于企业转型升级。

⑥市场准入依然是新疆民营企业转型升级的现实困惑

伴随着新疆经济的发展，新疆民营企业也快速发展，但从横向比，仍与周边兄弟省份有很大差距，市场准入问题成为影响新疆民营企业转型升级的重要因素。在市场准入方面，突出表现为一些行业门槛过高，对民营企业的各类前置审批项目尚未完全取消，民营企业很难获得平等待遇。一些部门，总认为本地企业是鸡，外资企业才是金凤凰，形成一种不正确的招商引资观念。“重国企，厚外商，薄民企”在新疆许多地方是不言自明的惯性规则。为了招商引资，一些地方制定了一些优惠政策。有的政策相对于本地民企来讲是没有优势的。外资企业优惠多多，而国内企业特别是本土化企业则很难享受某些待遇。产业政策和市场准入上的问题，容易造成连锁反应，使财政政策、金融政策等对新疆民营经济设定限制性规定。市场准入问题造成的这些结果，影响了新疆民营企业的转型升级。近些年市场准入问题逐步好转，2015 年新疆国有企业的混合制改革中允许民营企业参股，这给新疆民营企业又创造了进入相关产业的机会。

根据以上的分析，提出以下假设：

假设 1：企业外部因素是新疆民营企业转型升级的主要影响因素

（2）影响新疆民营企业转型升级的内部因素

相对于外部因素来讲，内部因素往往是企业转型升级过程中的决定性因素，不能忽视外因对于事物发展的影响，但更应该充分认识到内因才是事物发展的关键因素。

①企业家精神的引领是新疆民营企业转型升级的关键

企业家精神是企业转型升级的内生动力，也是新疆民营企业转型升级的关键，主要表现为：第一，企业家在生产流程、产品质量、管理能力、技术研发等方面的规范管理，带动企业升级，企业家的创新意识和进取精神是新疆民营企业升级的重要推动力。第二，企业家精神与品牌意识是新疆民营企业转型升级的主要动力。企业自主品牌在全球化的市场竞争中起到越来越重要的作用，而企业自主品牌的创立离不开企业家的品牌意识，企业家的品牌意识又是通过企业家精神起作用的。勇于创新、积极进取、富于激情、坚持不懈的企业家精神能加速企业建立自主品牌的进程。第三，企业家精神与企业家的危机意识及前瞻眼光。企业家的理念与价值观，对一个企业的发展起决定性作用。体现在企业的战略、组织架构各个方面企业家的危机意识和前瞻眼光，足以带领企业先人一步，制定符合产业发展规律的战略，在竞争中拔得头筹。一个企业的企业家就像是一艘轮船的船长，指引着船队行使的方向。

阿尔曼公司作为新疆本土民族企业近些年的发展让人不能小觑，其中很重要的一个原因是董事长、创始人阿迪力的带动。阿尔曼集团是1995年由阿迪力发起设立，目前已发展成为拥有8 000万元总资产的新疆首家专门研制清真营养食品并集科研开发、绿色食品种植、清真食品加工、连锁经营物流配送为一体的国家级农业产业化重点龙头企业，集团公司在全疆拥有2 500家连锁超市，35家代理商，销售网络已覆盖全疆各地州、市、县和898个乡镇、6 000多个行政村。在公司发展的几个关键环节，阿迪力果断决策，让企业得到快速转型。该公司为了快速进入北疆乳品市场，于2001年收购了破产的阿勒泰乳品厂并成立了“阿勒泰市阿尔曼乳品有限责任公司”，目前该工厂主要生产阿尔曼系列营养食品。为了进一步提升产品的技术，于2002年7月和加拿大TIMS TEAM INVESTMENT以及苏州通博公司合资建立新疆阿尔曼科技发展有限公司，开始涉足日用化工用品，包括依帕尔系列洗发水、香皂、牙膏等产品。2007年又收购了阿勒泰市哈纳斯乳业有限公司布尔津分公司及哈纳斯纯净水厂，建立了布尔津县阿尔曼清真食品有限公司，该企业目前主要生产全脂奶粉和牛奶。公司的每一步发展都是在具有企业家精神的董事长阿迪力的大力推动下进行的。

②优质的人力资源是新疆民营企业转型升级的必要条件

人才是企业成败的关键，是企业核心竞争力的体现。现代企业的竞争本质就是人才的竞争，因为人才是一种特殊的经济资源，是企业生产发展的第一要素。一个企业能否做大、做强，都取决于人才资本。新疆民营企业转型升级的过程中，人才是其主动力。新疆民营企业转型升级面临的主要问题之一就是缺乏高技能专业人才。新疆由于地理位置与经济基础的原因，不仅难以吸引到优秀的人才，反而既有的优秀人才都很难留得住，存在很大的专业人才外流风险，人力资源问题是新疆民营企业转型升级中遇到的不可逾越的问题。员工素质普遍偏低、专业性技能较差，纪律意识不强成为了新疆民营企业人力资源的普遍特征。这直接影响民营企业的发展，也进一步影响企业的自主创新能力和可持续发展能力。

③融资能力是新疆民营企业转型升级的决定性力量

资金是企业生存与发展的基础，是企业经营活动的经济命脉，曾被形象地称为企业的血液。目前，新疆民营企业融资难、融资成本高等问题普遍存在。由于信用体系不健全、商业银行传统信贷模式的制约，特别是央行多次提高存款准备金率后，新疆民营企业面临的融资难问题更为突出。当前，贷款成本上升幅度远超出新疆民营企业预期，在项目调研中我们了解到，不少新疆民营企业家反映，在商业银行贷款的利率是在基准利率的基础上再上浮 30%~40%。在一些小额贷款公司，贷款利率甚至是基准利率的 2 倍以上。这导致民间借贷风起云涌，逐渐由“全民炒货”演变成“全民放贷”，使得整个新疆民营经济的资金链变得更加脆弱。面对这种融资难的困境，如何解决新疆民营企业转型升级的资金问题，让新疆民营经济在做大做优经济“蛋糕”中发挥更大更强的作用，需要政府更多的关注和扶持。

④技术创新是新疆民营企业转型升级的重要推动力

科学技术是第一生产力，是邓小平 1988 年提出的关于坚持和发展马克思关于生产力的理论，这个精辟论断解释了科学技术在现代经济社会中的重要作用。这让我们认识到现代企业的发展就是科学技术的发展，技术创新是企业发展的基石、核心驱动力和保持持久生命力的源泉。企业的技术创新能力是取得市场有利地位、赢得竞争优势的前提。新疆民营企业需要更加重视对于技术创新的投入，否则企业总是在跟随优秀的企业"吃剩饭"，很难获得根本的突破。从新疆民营企业发展历程中可以看出，没有创新或者缺乏创新的企业很难在市场竞争中长期立足。

根据以上分析，提出以下假设：

假设2：企业内部的因素是新疆民营企业转型升级的主要影响因素

4.2.2 基于动态能力的新疆民营企业转型升级影响因素概念模型

根据前面的分析，新疆民营企业转型升级的主要影响因素是企业的外部因素（国家政策、行业环境、市场准入、成本等）和内部因素（企业家因素、技术因素、人力资源、融资能力等），这些因素影响着新疆民营企业的转型升级。本书研究的是基于动态能力的新疆民营企业的转型升级，在前文的分析中我们可以看出，企业内外部环境要素影响企业动态能力的形成，而动态能力的形成又会影响企业转型升级的效果。根据这一分析，基于动态能力的企业转型升级机理如图4-5所示。

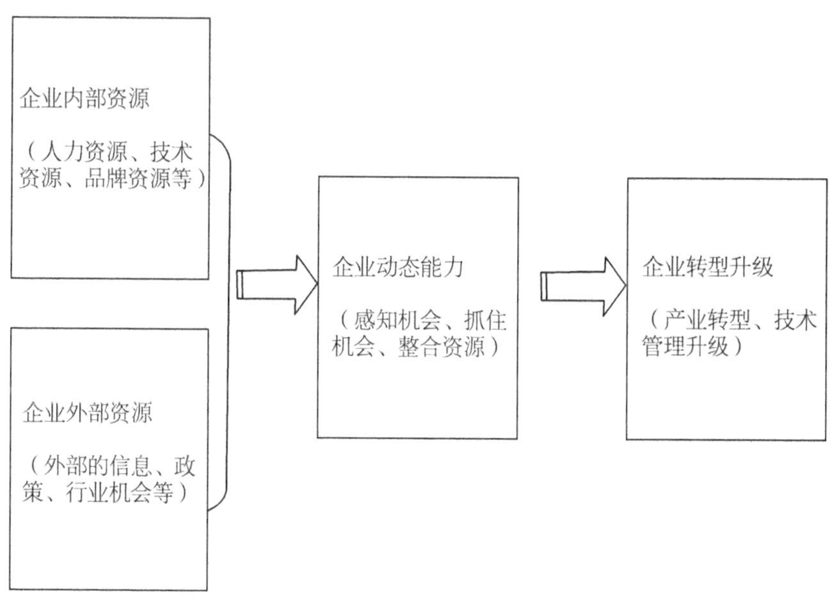

图4-5 基于动态能力的企业转型升级机理

第5章　新疆民营企业转型升级影响因素的实证研究

5.1　相关变量的选择与界定

提出概念模型之后，本章实证研究首先对模型中涉及的研究变量进行详细的界定。根据概念模型和研究假设，设计的研究变量主要有：企业外部因素、企业内部因素、转型升级效果三个变量。下面将分别对各变量的内涵进行界定和分析。

5.1.1　自变量的界定

（1）企业外部因素

企业外部因素是指在宏观环境、行业环境和国家政策三个维度上影响企业发展的因素。采用陈江勇（2012）的题项，并进行了部分调整，采用李克特五级量表来衡量（见表5-1）。

表 5-1 **企业外部因素**

研究变量	界定题项	界定题项
企业外部因素	宏观环境	1.企业所面临的国家经济形势变化 2.企业所面临的行业技术水平变化 3.企业所面临的社会文化环境的变化 4.企业所面临的人口因素（年龄、综合素质）的变化 5.企业所面临的全球化因素的变化 6.企业所面临的自然环境因素的变化
	行业环境	7.企业当前所处行业的竞争水平 8.企业当前产品的市场需求 9.企业面临的新产业进入壁垒 10.企业计划进入的新产业的市场需求
	国家政策	11.针对企业转型升级的产业规划政策 12.针对企业转型升级的税收优惠政策 13.针对企业转型升级的市场规制政策 14.人才吸引、培训与流通的公共服务平台 15.政产学研激励政策 16.完善的知识产权制度 17.重点企业或产业的专项扶持基金

（2）企业内部因素

企业内部因素是企业内部支持企业发展的主要力量。采用陈江勇（2012）的题项，并进行了部分调整，采用李克特五级量表来衡量（见表 5-2）。

表 5-2 **企业内部因素**

研究变量	界定题项
企业内部因素	1.企业针对转型升级的人才素质与能力 2.企业管理团队的战略眼光与能力 3.企业所具有的创新理念与文化 4.企业所具有的品牌价值 5.企业现有技术创新基础 6.支撑企业转型升级的组织结构 7.企业的资金实力及资金筹措能力 8.企业转型升级相关的配套基础设施

5.1.2 因变量的界定

学者们对于企业转型升级的评价开展了大量的研究，在企业转型升级的评价维度方面，陈洪涛（2005）用技术创新能力和资源利用能力测度新兴产业发展程度，郝雅风（2005）用持续获利能力和持续发展能力测度企业技术改造投资绩效。本书根据新疆民营企业的实际情况，认为可以从创新与效率提升、规范管理能力两个维度来衡量。采用陈洪涛（2005）、郝雅风（2005）和陈江勇（2012）的题项，并进行了部分调整，采用李克特五级量表来衡量（见表 5-3）。

表 5-3 **转型升级效果的界定**

研究变量	界定题项	界定题项
转型升级效果	创新与效率提升	1. 企业的投入产出效率将明显提高
		2. 企业的工作效率将明显提高
		3. 企业的研发能力将明显提高
		4. 企业的技术水平将明显提高
		5. 企业的产品或服务更新速度将明显提高
	规范管理能力提升	6. 企业领导团队战略管理能力将明显提高
		7. 企业激励制度的规范能力明显提高
		8. 人力资源管理能力的提升
		9. 财务管理能力的提升
		10. 营销管理能力的提升

5.2 问卷设计与检验

5.2.1 问卷的设计

（1）研究对象的选择

本书的研究对象主要是新疆民营企业，用定量分析研究新疆民营企业转型升级的影响因素，这种影响因素导致的企业转型升级具有一定的普遍性，也就是说不论何种类型的企业、处于哪一个行业、企业规模的大小如何，这种影响企业转型升级的因素普遍存在。因此，本书在选取研究对象时，没有对样本企业所在行业、企业的规模等作特定的限制。

（2）问卷的设计

本书的问卷设计主要是使用已有问卷中的成熟题项，本书研究的民营企业转型升级问题，一般企业中的中高层较为熟悉，因此本问卷的填答对象主要选择企业中的中高层管理者。根据理论假设，本书的问卷主要包括以下几个部分：

①企业外部影响因素

本部分问卷主要探讨影响新疆民营企业转型升级的外部因素，根据理论分析，主要从宏观环境、市场环境和国家政策三个方面来展开。

本部分问卷为封闭问卷，共计 17 题，以李克特五级量表来衡量，要求答题者根据企业的总体情况来回答，依次选择“完全不赞成”“比较不赞成”“一般”“比较赞成”“完全赞成”等五项，并依次给 1 分—5 分。

②企业内部影响因素

本部分主要探讨新疆民营企业转型升级的企业内部的因素，根据理论分析，主要从企业家精神、企业品牌管理、企业人力资源、企业技术创新等角度衡量。

本部分问卷为封闭问卷，共计 8 题，以李克特五级量表来衡量。要求答题者根据企业的总体情况来回答，依次选择“完全不赞成”“比较不赞成”“一般”“比较赞成”“完全赞成”等五项，并依次给 1 分—5 分。

③转型升级的效果

转型升级的效果主要从创新与效率提升、管理规范化两个维度来衡量。

本部分问卷为封闭问卷，共计 10 题，以李克特五级量表来衡量，要求答题者根据自己的情况来回答。依次选择“完全不赞成”“比较不赞成”“一般”“比较赞成”“完全赞成”等五项，并依次给 1 分—5 分。

④样本企业的基本情况

问卷的最后一部分内容是关于答题者所在企业的基本情况。对答题者所在企业的提问主要集中在该企业所在的行业、企业的类型、企业成立的时间、企业的规模等几个方面。此部分问卷主要为封闭问卷，共计4题。问卷设计根据题目要求、选项数目不同，要求答题者根据实际情况选择相应的选项。

5.2.2 问卷数据的分析方法

根据本书的研究框架与研究设计，针对研究问卷回收数据的特性，采用SPSS统计软件作为实证的主要分析工具，分析方法包括问卷总体信度分析、被访企业的基本资料分析、因子分析、相关分析等。

(1) 问卷总体信度分析

信度是检验问卷设计质量的重要依据，主要是分析问卷各题项之间的一致性程度。在对问卷信度的分析中主要使用SPSS分析软件中的量表分析功能，分别对企业外部影响因素、企业内部影响因素、企业转型升级效果几个层面的内部一致性进行检验。

(2) 被访企业的基本资料的分析

本部分主要是针对被访企业的相关基本资料进行描述性统计分析。对被访企业的基本资料分析主要包括该企业所处的行业、所有制类型、企业的成立时间、企业的规模等几个方面。

(3) 因子分析

本书的因子分析采用主成分分析法，选取特征值大于1的因子，以最大方差旋转法（Vrimax）旋转转轴，并以0.4作为最低显著的因子载荷量，对企业外部影响因素、企业内部影响因素、企业转型升级的效果等几个层面进行因子分析，确定最终的数据结构，然后根据分析后数据结构的特性命名。

(4) 相关分析

相关分析主要分析自变量和因变量之间的相关关系，采用AMOS中的相关分析工具对前文关于企业外部影响因素、企业内部影响因素与企业转型升级效果之间是否具有相关关系进行分析。

5.2.3 问卷的发放和回收

本问卷以新疆民营企业为研究对象，对企业的规模、行业等并无特殊的要求，答题者基本上都是企业的中高层领导，能够对企业的整体情况有比较深入的了解。最后选定的答题者主要是参加新疆民营企业中高层管理人员技能培训班学员。除此之外，还通过实地调研方式将相关企业中的中高层经理人作为问卷的填答对象。

本书问卷主要通过直接发放方式发放，共发出问卷 460 份，回收 165 份，剔除无效问卷 6 份，最后收到有效问卷为 159 份，有效回收率为 34.6%（见表 5-4）。

表 5-4 问卷回收统计

发放方式　项目	问卷发放数	问卷回收数	有效问卷数	有效回收率（%）
总计	460	165	159	34.6

5.2.4 问卷的信度与效度检验

问卷的信度和效度是实证分析准确性的重要保障之一，因此在进行分析之前，先对问卷的发放与回收情况以及信度和效度作相关的分析和检验，以保证实证数据的真实性和可靠性。

（1）问卷的信度分析

信度关心的是检测结果的一致性或稳定性，一个具有良好信度的测验，使用在不同的主试者、评分者、时间、情境中，其所得的分数应该接近相同或一致。一般而言，分数越一致，受误差的影响越小。

根据问卷信度检验的结果来看，各层面的总体信度值都比较高（见表 5-5）。企业外部影响因素、企业内部影响因素与企业转型升级效果的 Cronbach'α 值都超过了 0.8，说明各个层面各题项之间表现出了较高的内在一致性程度。

表 5-5 **本研究问卷的总体信度值**

层面	衡量题数	Cronbach'α 值
企业外部影响因素	17	0.907
企业内部影响因素	8	0.919
企业转型升级效果	10	0.941

（2）问卷的效度分析

效度是测量中最重要的因素，效度问题更直接地影响到整个研究的价值。如果量表的设计不能充分显示所要研究的题项，那么整个研究就失去了意义，所以进行系统的效度分析是十分重要的。通常问卷测量的效度可以分为内容效度、准则效度和构造效度等三种不同的类型。基于本研究的研究内容和特点，本研究主要是用内容效度来对问卷的效度进行评价，对构造效度的评价在下面的因子分析中进行。本研究问卷是在现有理论和实证分析的基础上来确定研究内容和研究变量的，在设计过程中，征求了相关专家和研究者的意见，所以问卷中的题项都较好地反映了模型对问卷内容的要求，具有较高的内容效度。

5.3 企业基本资料分析

本部分将针对被访企业的相关基本资料进行描述性统计分析，以便对实证研究对象的样本的基本情况有一个全面的认识。其中对被访企业的基本资料分析主要包括该企业所处的行业、所有制类型、企业的成立时间、企业规模等几个方面。

（1）样本企业的行业分布

在问卷调查的 159 家样本企业中，制造业企业有 56 家，所占的比重最大，达到 35.2%，服务业企业有 54 家。除此之外还有其他类型的企业 49 家。从调查样本企业的行业分布来看，基本上涵盖了国民经济中各大主要行业，具有较强的行业代表性（见表 5-6）。

表 5-6　**样本企业的行业分布**

行业	企业数量	百分比（%）	累积百分比（%）
制造业	56	35.2	35.2
服务业	54	34.0	69.2
其他	49	30.8	100.0
合计	159	100.0	

（2）样本企业的所有制类型分布

从本研究样本企业的所有制类型分布来看，民营企业数量最多，有 93 家，占样本总数比重为 58.5%。其次是国有企业 24 家，还有中外合资和外商独资企业 16 家，所占样本总数比重分别为 15.1%和 10.1%，还有其他类型的企业 26 家。总体来看，样本企业的所有制类型分布基本上反映了我国国民经济中各种所有制类型企业的发展现状，具有较强的代表性（见表 5-7）。

表 5-7　**样本企业的所有制类型分布**

所有制类型	企业数量	百分比（%）	累积百分比（%）
国有	24	15.1	15.1
民营	93	58.5	73.6
外资	16	10.1	83.6
其他	26	16.4	100.0
合计	159	100.0	

（3）样本企业成立时间分布

本样本研究的是企业转型升级影响因素，由于企业转型升级与企业的成立时间有一定的关系，因此必然要求被调查企业最好成立的时间较长，这样才有助于研究。从研究样本来看，绝大部分企业都是成立 5 年以上的企业，占样本总量的 84.9%。成立 10 年以上的企业 109 家，占样本总量的 68.6%。从样本企业成立时间的分布来看，绝大部分样本企业都是成立时间很长的老企业，能够很好地满足本研究对样本企业成立时间上的要求（见表 5-8）。

表 5-8　　样本企业的成立时间分布

成立时间	企业数量	百分比（%）	累积百分比（%）
10年以上	109	68.6	68.6
5~10年	26	16.3	84.9
5年以下	24	15.1	100.0
合计	159	100.0	

（4）样本企业的规模

从样本企业的规模来看，人数多的企业的比较多，人数在 300 人以上的有 87 家，占总样本的比例分别为 54.7%。人数在 100~300 人、100 人以下的企业分别有 24 家和 48 家，占总样本企业的比例分别是 15.1% 和 30.2%（见表 5-9）。

表 5-9　　样本企业的资本额分布

企业规模	企业数量	百分比（%）	累积百分比（%）
100人以下	48	30.2	30.2
100~300人	24	15.1	45.3
300人以上	87	54.7	100.0
合计	159	100.0	

5.4 变量的因子分析

在进行因子分析时利用 SPSS 软件的主成分分析方法（Principal Components Method），通过最大方差正交旋转后进行主成分分析，选取因子载荷值大于 0.4 的指标，并根据因子矩阵来解释因子的意义。

5.4.1 企业外部影响因素的因子分析

本研究关于企业外部影响因素的题项共计 17 项，涉及宏观环境、行业环境和国家政策等几个层面的内容，通过因子分析共取出三个因子，各因子与题项之间的结构关系见表 5-10。从表中可以看出，各题项的因子载荷值均大于 0.6，说明各指标能够很好地反映所在因子的内容。因子 1 和因子 2 的 Cronbach'α 值大于 0.8，说明所提取的因子与对应问卷各题项内容具有较高的一致性，因子 3 的 Cronbach'α 值大于 0.7，也超过了可接受的信度水平、接近高信度水平，因此也是可以接受的。

表 5-10 **企业外部影响因素的因子分析**

衡量题项	主成分		
	因子 1	因子 2	因子 3
1. 企业所面临的国家经济形势变化		0.619	
2. 企业所面临的行业技术水平变化		0.633	
3. 企业所面临的社会文化环境的变化		0.756	
4. 企业所面临的人口因素变化（年龄、综合素质、收入等）		0.698	
5. 企业所面临的全球化因素变化		0.661	
6. 企业所面临的自然环境因素变化		0.736	
7. 企业当前所处行业的竞争水平			0.670
8. 企业当前产品的市场需求			0.625
9. 企业面临的新产业进入壁垒			0.760
10. 企业计划进入的新产业的市场需求			0.767
11. 针对企业转型升级的产业规划政策	0.798		
12. 针对企业转型升级的税收优惠政策	0.788		
13. 针对企业转型升级的市场规制政策	0.827		
14. 人才吸引、培训与流通的公共服务平台	0.721		
15. 政产学研激励政策	0.829		
16. 完善的知识产权制度	0.779		
17. 重点企业或产业的专项扶持基金	0.792		
Cronbach'α	0.920	0.814	0.760
累计解释度（%）	27.7	46.5	61.4
KMO	0.880		

5.4.2 企业内部影响因素的因子分析

问卷中关于企业内部影响因素的题项有 8 项。通过本部分的因子分析共提取出一个因子，各因子与题项之间的结构关系见表 5-11。从表中可以看出，各题项的因子载荷值均大于 0.6，说明各指标能够很好地反映所在因子的内容。

表 5-11 企业内部影响因素的因子分析

衡量题项	因子 1
1. 企业针对转型升级的人才素质与能力	0.689
2. 企业管理团队的战略眼光与能力	0.804
3. 企业所具有的创新理念与文化	0.837
4. 企业所具有的品牌价值	0.818
5. 支撑企业转型升级的组织结构	0.849
6. 企业现有的技术创新基础	0.865
7. 企业的资金实力及资金筹措能力	0.830
8. 企业转型升级相关的配套基础设施	0.678
Cronbach'α	0.919
累计解释度（%）	63.9
KMO	0.902

5.4.3 转型升级效果的因子分析

本研究的关于转型升级的效果的题项共计 10 项，涉及创新与效率提升、规范管理能力等几个层面的内容。通过因子分析共取出两个因子，各因子与题项之间的结构关系见表 5-12。

从表中可以看出，各题项的因子载荷值均大于 0.6，说明各指标能够很好地反映所在因子的内容。因子 1 和因子 2 的 Cronbach'α 值大于 0.9，说明所提取的因子与对应问卷各题项内容具有较高的一致性。

表 5-12　　转型升级效果的因子分析

衡量题项	主成分	
	因子 1	因子 2
1. 企业的投入产出效率将明显提高		0.695
2. 企业的工作效率将明显提高		0.780
3. 企业的研发能力将明显提高		0.841
4. 企业的技术水平将明显提高		0.863
5. 企业的产品或服务更新速度将明显提高		0.758
6. 企业领导团队战略管理能力将明显提高	0.779	
7. 企业激励制度的规范能力明显提高	0.806	
8. 人力资源管理能力的提升	0.833	
9. 财务管理能力的提升	0.809	
10. 营销管理能力的提升	0.851	
Cronbach'α	0.921	0.898
累计解释度（%）	37.8	73.8
KMO	0.9	

5.5　一般模型的验证和分析

通过前面的分析，我们得出了企业内外部因素与民营企业转型升级的理论模型，并对变量和指标进行了分析和筛选。本部分将利用 AMOS 等统计分析软件，对理论模型进行验证、分析和评价，主要分为三个部分：第一部分是对原有模型变量和假设条件的调整；第二部分是对模型的估计与评价；第三部分是验证后的理论模型要素作用分析。

5.5.1　对原有模型变量和假设条件的调整

通过因子分析，我们发现个别变量的内涵和数量发生了变化，因此有必要对研究假设中模型的变量和原有的假设条件进行相应的调整。

在因子分析中，主要对企业外部影响因素、企业转型升级的影响比较明显，企业外部影响因素经过因子分析得出三个因子：宏观环境、行业环境、国家政策；企业转型升级经过因子分析得出两个因子：创新与效率提升、规范化管理。经过调整，我们最终可以得到新的模型框架图（如图 5-1 所示）。

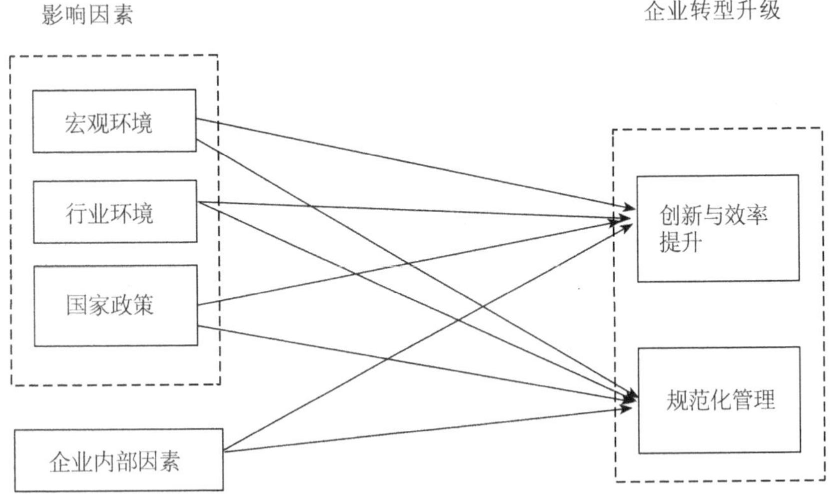

图 5-1 调整后的模型框架

在对分析变量和分析框架进行调整之后，我们对原有理论模型中各变量之间的关系作最后的界定，并提出相应的假设条件。

在原有框架下，相应的假设调整见表 5-13。

表 5-13 **调整后的模型假设**

假设 1.1	宏观环境和企业创新与效率提升有正相关关系
假设 1.2	宏观环境与企业规范化管理有正相关关系
假设 1.3	行业环境和企业创新与效率提升有正相关关系
假设 1.4	行业环境与企业规范化管理有正相关关系
假设 1.5	国家政策和企业创新与效率提升有正相关关系
假设 1.6	国家政策与企业规范化管理有正相关关系
假设 2.1	企业内部因素和企业创新与效率提升有正相关关系
假设 2.2	企业内部因素与企业规范化管理有正相关关系

5.5.2 模型的估计与评价

本部分我们使用AMOS17.0结构化方程路径分析软件对调整后的理论模型进行估计，模型中参数估计采用最大似然估计。表5-14是模型估计后得到的各变量的路径系数和显著性水平。

表5-14 **企业内外部影响因素与新疆民营企业转型升级的模型检验结果**

假设	关　系	路径系数	P值	结论
假设1.1	宏观环境→创新与效率提升	−0.098	0.384	不支持
假设1.2	宏观环境→规范化管理	0.289	0.012	支持
假设1.3	行业环境→创新与效率提升	0.229	0.004	支持
假设1.4	行业环境→规范化管理	0.227	0.006	支持
假设1.5	国家政策→创新与效率提升	0.459	0.000	支持
假设1.6	国家政策→规范化管理	0.244	0.037	支持
假设2.1	企业内部因素→创新与效率提升	0.559	0.069	支持
假设2.2	企业内部因素→规范化管理	0.64	0.057	支持

实证结果表明，在企业内外部因素与新疆民营企业转型升级的假设中大部分假设都得到了支持。也就是说，新疆民营企业转型升级的实现是内外部的因素促成的。具体的实证结果分析如下：

（1）得到支持的假设和要素作用关系

①企业外部影响因素与新疆民营企业转型升级

企业外部环境影响民营企业转型升级的假设共有六个，即假设1.1、假设1.2、假设1.3、假设1.4、假设1.5和假设1.6。其中除假设1.1以外的其余五个假设都得到了支持。宏观环境与规范化管理、行业环境和创新与效率提升和规范化管理、国家政策和创新与效率提升和规范化管理之间的路径系数为0.289、0.229、0.227、0.459、0.244，P值都在0.01水平上显著。这说明新疆民营企业转型升级中新疆的宏观环境、行业环境和国家政策起到了一定的影响作用。

②企业内部因素与新疆民营企业转型升级

企业内部因素与新疆民营企业转型升级的假设有两个：假设 2.1 和假设 2.2，两个假设都得到了支持，路径系数是 0.559 和 0.64，也通过了显著性检验。说明企业的内部因素对新疆民营企业转型升级起到了相当大的作用，是主导力量。

（2）未得到支持的假设和要素作用关系：宏观环境和创新与效率提升

宏观环境和创新与效率提升相关的假设，即假设 1.1 没有得到支持。

对于假设 1.1，宏观环境和创新与效率的提升之间的路径系数是负值（−0.098），P 值也没有通过显著性检验。这一实证结果证明目前新疆民营企业面临的宏观环境，也就是新疆的宏观经济形势、社会文化环境、人口因素变化、自然环境等综合因素，对新疆民营企业的技术创新与效率提升并没有起到有利的作用。

国家近些年来对新疆的发展投入了大量的资金、人力和物力，新疆经济快速发展。这些有利的宏观环境并没有对新疆民营企业的创新起到积极的作用，原因可能有：多数的新疆民营企业从事劳动密集型的、低附加值的产业，这就决定了新疆民营企业的创新动力不足，再加上近些年新疆的整体稳定环境不容乐观，这给新疆民营企业的创新也带来了一定的负面作用，所以最终的实证结果显示，宏观环境对创新与效率提升的关系为负且不显著。

（3）模型的拟合优度指标

表 5−15 是模型的拟合优度指标。AMOS 结构化模型最大似然法估计参数值给出 NFI、RFI、IFI、CFI、PNFI、PCFI 值作为拟合指标，这些指标在 0 到 1 之间，大于 0.9 表示模型和观测数据拟合。均方根近似误差 RMSEA 小于 0.1 为拟合较好。从结构方程的拟合优度指标来看，模型的各项指标都符合统计检验的要求，说明方程的拟合较好。绝对拟合指数中，X2\df 的值小于 3，符合检验的要求，RMSEA 的值也小于 0.1，说明结构方程的总体拟合效果较好。相对拟合指数中，NFI、CFI、RFI、IFI 的值都大于 0.9，说明方程的拟合较好。节俭性拟合指数中，PNFI 和 PCFI 等两个指标的值也比较大，也说明模型的拟

合度较好。

表 5-15　　基础模型的拟合优度指标

拟合优度指标	模型预期值	说明
Chi-square	1 181.998	
P	0.000	显著性大于 0.01
X2\df	1.651	小于 3，说明模型拟合较好
NFI	0.932	大于 0.9，说明模型拟合较好
RFI	0.922	大于 0.9，说明模型拟合较好
IFI	0.966	大于 0.9，说明模型拟合较好
CFI	0.966	大于 0.9，说明模型拟合较好
PNFI	0.814	值较大，说明模型拟合较好
PCFI	0.844	值较大，说明模型拟合较好
RMSEA	0.064	小于 0.1，说明模型拟合较好

5.5.3 验证后的理论模型要素作用分析

（1）验证后的理论模型

在前文的实证检验中，除了假设 1.1 没有得到支持以外，其他的 7 个假设都得到了支持，因此删除没有得到支持的假设以后，图 5-2 就是得到验证的模型。

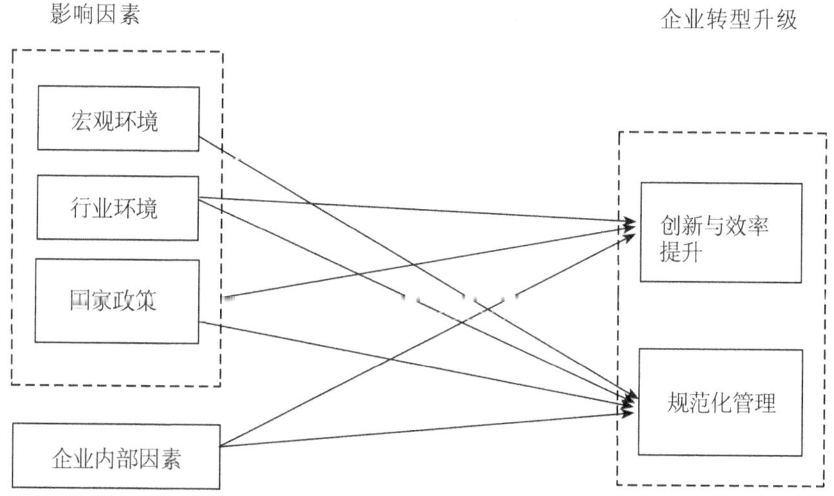

图 5-2　验证后的模型框架

（2）模型的作用关系分析

通过对验证后的模型以及路径的分析，我们对模型中各个要素作如下分析：

①企业内部的因素是新疆民营企业转型升级的主导力量

表 5-14 中所示的模型检验结果显示，企业内部因素对创新与效率提升和规范化管理的相关系数分别是 0.559 和 0.64，是所有对企业转型升级影响因素作用中数值最大的两个。也就是企业管理团队的战略眼光、企业的创新理念和文化、企业的品牌管理、企业现有的技术基础、企业的资金实力和资金筹措能力、人力资源状况等是企业转型升级的决定力量，说明新疆民营企业的内部因素对企业创新与效率提升和规范化管理具有显著的主导作用。

Ⅰ. 企业管理团队的战略眼光是新疆民营企业转型升级的核心力量

新疆民营企业转型升级的核心力量是企业管理团队的战略眼光。纵观转型成功的新疆民营企业，我们发现很多都具有非常优秀的管理团队，尤其是拥有作为核心的企业家。

以张新为首的“特变电工”管理团队，在三十年间，将一个濒临倒闭的集体企业带领到全球。现在公司已为美国、俄罗斯、巴西等 60 余个国家和地区提供了能源装备和系统集成服务，先后参与了中亚的塔吉克斯坦、吉尔吉斯斯坦，南亚的印度、巴基斯坦，非洲的赞比亚、肯尼亚、埃塞俄比亚、多哥等几十个国家的电力规划、电源、电网建设，为这些国家提供了交钥匙工程及系统解决方案，正在快速发展为一个优秀的跨国公司。

以孙广信为首的“广汇集团”管理团队，在二十几年间，将一个普通的从酒楼餐饮起家的广汇，发展为已布局“能源开发、汽车服务、房产置业”三大产业的集团。2014 年成为西北地区唯一一家总资产、经营收入均突破千亿元大关的民营企业，位列 2014 年中国企业 500 强第 125 位，中国民营企业 500 强第 6 位。

以冯东明为首的“美克集团”管理团队，在近三十年间，将一个从装修公司开始的美克，带到了今天的已布局“家具、能源”两大产业的公司。多年来美克以家具制造产业为龙头，凭借超强的设计开发和生产能力，一直占领稳固的国际市场，是亚洲最大的家具出口基地之一，也是世界经销商在亚洲购买家具的首选工厂。美克集团在继续将家具行业做大做强的前提下，正充分发挥美克的资本优势、管理优势及国际间合作优势，利用新疆的天然气资源，实施天然气综合利用项目，开发生产化工原料及精细化工产品，建设美克化学工业园。

Ⅱ. 企业的创新理念和文化是新疆民营企业转型升级的重要力量

新疆民营企业转型升级很重要的力量是企业的创新理念和文化。一个企业只有具备了创新理念和文化，才能不断进取，适应外部不断变化的环境，把握机遇，进行变革和创新，不断突破旧有的管理模式、产品和服务类型，生产出新的市场和消费者欢迎的产品和服务，并且为企业提供新的价值增长点或者新的商业模式。新疆工业企业创新百强名单于2015年12月4日正式公布，特变电工股份有限公司、新疆金风科技股份有限公司、新疆中泰化学股份有限公司、新疆泰昆集团昌吉饲料有限责任公司等百家企业获得“新疆工业企业创新百强”称号。特变电工、金风科技、中泰化学、泰昆集团等都非常注重创新文化的培育，最终形成了创新理念和创新文化，为企业创新发展和转型升级打下了坚实的基础。

Ⅲ. 企业的品牌管理是新疆民营企业转型升级的主要力量

企业的品牌管理是新疆民营企业转型升级的主要力量。很多发展很好的新疆民营企业都非常重视品牌管理，实现了企业的快速发展和转型升级。新疆乡都酒业是一家非常注重品牌管理的企业，自1998年开荒种植酿酒葡萄，已形成种植、养殖、加工等可持续发展的一体化发展的企业。在此过程中，公司高度重视品牌管理，相继开发了乡都干白、乡都干红、乡都金贝纳、乡都拉斐特、乡都安东尼、乡都典藏等不同的品牌，在新疆的各大宴会、庆典、会议等场合大力赞助以宣传乡都品牌，还在中央电视台斥资进行品牌推广。乡都酒业先后被评为自治区人民政府30家重点扶持民营企业、新疆农业产业化龙头企业、全国乡镇企业创名牌重点企业等。2005年1月18日，在由中国商业联合会、中国生产力学会、中国保护消费者基金会共同主办的“全国企业品牌评价发布会暨第二届中国企业五星品牌论坛”上，新疆乡都酒业被授予“中国企业五星品牌”。2015 年 9 月 16 日，在新疆举办的第四届新疆品牌节暨新疆第三批中国企业星级品牌发布会上，新疆乡都酒业有限公司通过层层票选，在近千家企业中脱颖而出，最终荣获“新疆影响力品牌”奖。现在的乡都酒业正在成为一家极具潜力、稳步成长的国际化企业。

Ⅳ. 企业现有的技术基础是新疆民营企业转型升级的基础力量

企业现有的技术基础也是新疆民营企业转型升级的基础力量。已经有一定的技术基础的企业更有可能转型升级成功，从技术创新本身的规律来看，没有技术基础和知识积累，在技术创新的道路上就会相对困难，那些本身在行业里就是相对技术进步的企业，更容易进行技术创新，从而进行转型升级。

新疆一思集团的转型发展就是很典型的示例。一思集团起步于 1995 年，集团组建成立于 2013 年，是通过国家工商总局审核注册的无地域集团公司。经过十余年的发展，集团拥有工业、房地产和金融三大产业。公司注册资本 1 亿元。一思集团之所以发展的速度相当惊人，还是源于集团的发迹产业——玻璃产业。一思集团下属的今日安全玻璃有限公司出产的玻璃在新疆小有名气，在品质和技术上都堪称一流，正因为公司在玻璃产业积累了较为雄厚的技术基础，在后来的转型升级中，将产业延伸到生产玻璃的机器产业，成立了一波机电设备有限公司、新疆德昊光电有限公司，奠定了企业在该产业的雄厚地位。

新疆奇康哈博维药有限公司也是一个在拥有良好的技术基础上成功实现转型升级的典型企业。新疆奇康哈博维药股份有限公司是专业从事维吾尔药研发、生产、销售的国家级高新技术企业，是经国家民委认定的少数民族特需商品定点生产企业。十多年来，公司依托以哈木拉提博士为首席科学家的产学研创新团队，研发出国药准字号药品 19 个，其中国家发明专利 8 个，“奇康”商标获得“新疆著名商标”称号。公司依托雄厚的中医中药、维药的研究基础，不断拓展新的研究项目，截至 2015 年，公司共完成国家和自治区、乌鲁木齐市及高新区各类项目五十余项。该公司聚焦现代维药产业，建有国家级“博士后科研工作站”、自治区级“企业技术中心”和市级“乌鲁木齐维药研发工程技术研究中心”3 个技术创新平台。目前公司已完成近 20 个品牌的主打维药产品和独家产品的成果转化，分期分批投放全国市场。公司在维药产品研究、维药品牌创建、营销网络搭建和实施营销差异化战略方面正在引领维药发展，公司的发展走向了成功的转型升级道路。

Ⅴ.企业的资金实力和资金筹措能力是新疆民营企业转型升级的重要保障

根据前文对企业转型升级的定义，转型升级的实质是当发展到一个新的阶段时，企业提升管理规范化和产品的附加值，或者进入新兴产业。企业的转型升级需要花费大量的资金和投入。当企业有充足的资金实力和资金保障时，转型升级成功的可能性就大。如果企业不具备雄厚的资金实力，转型升级可能就会受挫，这种情况下企业需要提升的是资金筹措能力。当前银行贷款的相关政策对民营企业来讲，门槛相对过高，这给民营企业的融资带来很大的困难，需要做的是通过创新的方式获得资金。可以通过供应链金融方式来解决，或者通过建立战略合作伙伴关系，引入相关的投资方，来完成企业转型升级所需资金。

Ⅵ.企业人力资源状况是新疆民营企业转型升级的重要保障

企业人力资源的状况是新疆民营企业转型升级的重要保障。在研究中我们调研了新疆三力机械制造有限公司，与该公司董事长的访谈也给了我们这方面的启示。与新疆大多数民营公司一样，新疆三力机械制造有限公司的奋斗历程就是其创始人带领团队奋斗的历程。从起初单一的采煤用机械设备的销售到现在的采煤用机械设备生产、销售和售后维修，公司在业务范围、企业规模、员工人数以及业务收入上都实现了几何级数的增长，现在公司已经拥有员工300余人。而且目前公司已经与河南平顶山煤业集团建立了战略合作伙伴关系，企业的财务实力和管理经验的积累都有了长足的进步。在谈到企业实现转型升级的关键因素时，他认为是员工的素质。他说公司发展的战略可以制定和选择，公司发展所需的资金也可以通过与其他企业建立战略联盟的关系来获得，公司的管理经验、生产经验也可以在实践中得以积累和发展。但是如何建设和储备企业的管理团队，如何确保企业及时获取为实现战略目标所需的人才资源，是新疆民营企业转型升级中很关键的问题。著名企业家柳传志曾经说过："投资企业要'事为先，人为重'。"当一个公司的规模扩大之后，人员便成为企业各部门之间交流和合作的黏合剂。高素质的人才队伍是企业战略执行力的保证，没有这些，企业所有的战略和构想都只能成为一个泡影。员工不转型升级，企业就缺乏转型升级的能量和支撑，因此从某种程度上来说，员工的转型升级是企业转型升级的必要条件。对于新疆民营企业来说，如果不能获得企业转型升级的人力资源，不能有效维持和管理企业转型升级所需的管理团队，不能有效从企业内部释放企业人力资源的能量，那么企业转型升级或许只是一句空谈。

②国家政策因素是新疆民营企业转型升级的外部激发力量

表 5-14 中所示的模型中验证结果显示，企业外部因素（包括宏观环境、行业环境和国家政策）对创新与效率提升和规范化管理都有一定的影响，其中国家政策对企业的创新与效率提升的相关系数达到 0.459，是企业外部因素对企业转型升级影响中数值最大的。也就是针对企业转型升级的产业规划政策、针对企业转型升级的税收优惠政策、针对企业转型升级的市场规制政策、人才吸引、培训与流通的公共服务平台、政产学研激励政策、完善的知识产权制度、重点企业或产业的专项扶持基金在很大程度上影响了企业创新的动力，说明国家政策因素对企业创新与效率提升具有显著的促进作用。

第6章 “核心区”建设中新疆民企转型升级的类型与路径

从前文的研究和分析中我们得出新疆民营企业转型升级的主要力量是企业内部的因素，也就是企业管理团队的战略眼光、企业的创新理念和文化、企业的品牌管理、企业现有的技术基础、企业的资金实力和资金筹措能力、人力资源状况等。企业外部的因素中国家政策对企业创新与效率提升影响最大，企业外部因素中的行业和宏观环境都对新疆民营企业转型升级起到一定的影响作用。本部分将要探索“核心区”建设中新疆民营企业转型升级的类型和路径。分为两部分：首先是企业转型分析，然后是企业升级分析。

6.1 “核心区”建设中新疆民企转型升级之转型类型与路径分析

“核心区”建设中，新疆民营企业可以从组织、产业两个层面转型，实现企业转型。

6.1.1 新疆民营企业在组织层面的转型

新疆民营企业在组织层面的转型可以有五种情况：品牌转型、商业模式转型、经营模式转型、企业战略转型、渠道模式转型。

（1）品牌转型

品牌是企业核心价值的体现，一个企业具有的核心价值要通过其长期以来塑造的品牌形象加以表达。新疆许多民营企业，往往只顾低头生产，不管市场和营销，既无法获得市场信息，也缺乏议价能力，在这个崇尚品牌的时代，没有品牌将寸步难行。新疆民营企业可以通过自创品牌和收购品牌推进品牌转型。

品牌转型方式一：自创品牌转型。这种转型投入较大，周期较长，但能给企业形成持久的核心竞争力。例如特变电工十分注重提升品牌价值，增强品牌影响力。从 2008 年的 38.7 亿元到 2014 年的 283 亿元，特变电工的品牌价值增长了 7 倍多，品牌影响力也逐渐从新疆走向全国，并走向世界。再如新疆乡都酒业有限公司，自 2002 年成立以来一直注重品牌建设和品牌推广，经过十余年努力，“乡都”成长为中国驰名商标，荣膺省级、国家级多项葡萄酒品牌殊荣，2015 年 1 月新疆乡都酒业被授予“中国企业五星品牌”称号。不仅提升了新疆自主品牌的知名度、疆内外消费者的认可度，更实现了将生态优势转化品牌优势的良性可持续发展。

品牌转型方式二：收购品牌转型。通过收购国内外知名品牌，利用已有的销售网络取得市场话语权。这种方式的转型时间短、见效快。例如作为中国家具行业引领者，美克·美家成功地塑造了中高端家具品牌形象，2007 年美克·美家获得国家工商总局颁发的“中国驰名商标”，2010 年美克·美家位居中国最有价值品牌 500 强。美克除了目前代理的美国品牌伊森艾伦外，公司 2010 年取得了 L A U R E N 全球代理权，收购施纳迪克品牌。经营品牌的不断增加使得美克·美家业绩迅速提升，2015 年位于新疆百强民营企业的第三名。

（2）商业模式转型

商业模式是企业资源配置的基本模型和蓝本，是指导企业进行价值创造和经营的基本思路和商业逻辑框架。为了满足消费者不断变化的需求，为了适应竞争不断升级的环境，新疆民营企业需要思考商业模式转型。当前新疆民营企业的商业模式转型就是运用创造性商业策划，尤其是利用当前主流的电子商务、金融衍生手段或外观设计与主流消费文化接轨创新等手段，推动营销，巩固市场占有率并广泛挖掘客户需求价值。商业模式转型是企业适应当前环境变化，具有现实和深远意义的探索和思考。新疆民营企业商业模式转型可以考虑以下五个步骤：

第一步：依据顾客价值主张确定战略定位。首先需要确定企业的“顾客价值主张”。这种“顾客价值主张”的目的在于选准那些“最有潜力提供长期利润增长的目标客户”，为他们解决某个重要问题或重要需求，提供的方式包括产品或服务。

第二步：发掘盈利点——找到盈利模式。“定位”解决以后，企业就应该制定盈利模式。从哪里去盈利，并以什么样的模式去盈利，怎样获得更多的盈利点。当前，互联网的出现改变了基本的商业竞争环境和经济规则，也从根本上改变了人类社会生活形态和消费习惯。这种改变要求新疆各行各业的企业快速反应，探索适应这一变化的各类商业模式。

第三步：建立壁垒，构筑具有核心竞争力的关键资源和能力。一个好的商业模式设计，如果没有战略控制手段，就像一艘航船底下有一个漏洞，会使船很快沉没。为了保证利润可持续增长，业务模式不容易被复制，新疆民营企业在进行商业模式设计的时候，必须同时寻求和建立自己的战略控制手段，这是一个非常关键的问题。

第四步：构建业务系统，确定业务模式。在定位、商业模式、核心资源和能力控制明确后，企业必须确定要从事哪些经营活动，达到什么样的预期目标，并结合自身资源和能力，打算将哪些业务进行分包、外购或者与其他公司协作生产和协作经营。确定这些非常关键，能够避免企业盲目地四处出击，很好地整合社会资源，提高业务组织效率。

第五步：设计资金链管控模式，构建自由现金流结构。建立商业模式的目的是让企业价值最大化、股东回报最大化，因此，当前新疆民营企业需要思考如何实现轻资产、高回报的运作，这是商业模式设计成功与否的关键。

（3）经营模式转型——重构企业价值链

新疆民营企业多数都是传统的生产低附加值产品的企业，这些企业曾经为新疆经济发展立下汗马功劳，如何推动这些企业顺利转型，如何帮助它们获取利润，这是当前涉及新疆发展稳定和长治久安的重大项目。这种类型的企业是产业结构升级中可能遭淘汰的企业，而且又是转型难度非常大的企业。这类企业转型的思路有如下几个步骤：

第一步：明确企业价值活动构成。首先，我们需要对企业价值链的基本原理充分理解；然后再仔细分析企业价值活动，确定价值链重组方法；再将企业放入到行业中观环境和国际宏观环境中去，重构价值链，再造运营流程，重新进行权力体系分配，才可以满足战略调整和运营模式转型需要。

第二步：选择合适的竞争战略，谋求转型突破。企业竞争一般采取两种不同方式：一是成本竞争；二是差异化竞争。依据企业面对的客户和市场以及产品类型，选择一种竞争战略，并且长期坚持这种战略。

第三步：整合价值链，从供应链中寻求转型突破。有五种可能的价值链整合方式，这需要企业很好地分析思考和确定。一是企业内部价值链，从采购到销售的完整过程；二是企业内部价值链向上游延伸至供应商价值链，形成采购战略联盟的价值链；三是从企业销售开始，向下游延伸至分销系统和客户的价值链，这实际上构成了品牌运营商价值链模式；四是从制造业的采购环节开始一直到销售分销环节，这构成一个完整的品牌化的生产经营企业，比如很多制造企业自己建立分销渠道和零售连锁店；五是上中下游产业链联动，打造一个完整供应链体系的价值链模式。

第四步：创造学习型组织是企业经营模式持续转型的关键。价值链运营模式重构后，因为价值链重组必然涉及组织结构调整和流程重组，必然涉及权力体系的重新分配和利益格局的调整，这种调整和重组是需要牺牲一部分利益的，因此，新疆民营企业的转型需要企业家和员工必须要不断学习，在不断变化的外部环境中，顺应市场，不断进行价值链的重组和完善，才能真正实现转型成功。

（4）企业战略转型

当前世界经济已进入“战略制胜”的时代，发展战略成为影响企业绩效的重要因素。美国的一项研究结果表明，采用战略管理观念的企业比不采用战略管理观念的企业成功率更高，有高达 80%的企业依靠改变战略方向来提高盈利能力。具体来说，当前新疆民营企业应实施以下几个方面的战略转型：

方式一：延伸式转型

企业发展到一定的程度，必然要在现有的业务基础上进行延伸，以保持企业的可持续发展。新疆民营企业的延伸式转型可以有两种情况：一种是沿着技术延伸，也就是实施产品开发战略；另一种是沿着市场延伸，也就是可以实施市场开发战略。这两种延伸战略，都需要企业找到一个“支点”，企业在某一个市场上有了根据地，有了客户基础，或者在某个专业领域有了技术储备，有了产品基础，延伸时就可以事半功倍，能够打开市场，获得更高的市场占有率和消费者的认可，提升产品的知名度，实现企业的成功转型。

方式二：多元化转型

多元化转型就是企业从单一业务转向其他行业或者领域的战略，分为相关多元化转型和非相关多元化转型。相关多元化转型是与企业经营范围拓展到与以前经营的产品、市场、技术和人员相近的范围。非相关多元化转型是指企业的经营范围扩大到与以前经营的产品、市场、技术和人员完全不同的范围。在采用多元化战略转型时，新疆的企业需要注意三个问题：一是企业必须先成为某一个细分市场的老大，成为消费者心目中的龙头企业，这样才具备多元化转型的资格和条件；第二，是要根据企业的战略规划与设计打造生物链（产业链），根据战略目标配置相关资源，有些自己不具备的资源可以通过整合的方式获取；第三，各个业务之间必须存在逻辑关系，起到相互支撑、互相帮助的作用，而不是完全独立、互不相干的多元化。也就是首先明确为什么做多元化转型，能否帮助企业建立竞争优势；其次是目标选定之后要明确实现的路径，即通过什么方式进行多元化转型，是通过兼并收购还是自建的方式，哪种方式能够实现战略目标；最后才是实施多元化战略。这三步有严格的逻辑关系，缺一不可。

方式三：聚焦式转型

聚焦式转型战略就是从大而全、小而全转化为大而专、小而专的一种战略，又称归核化战略。由于缺乏总体规划，新疆的很多企业出现大而全、小而全的情况，就是做很多业务，但是各个业务在本行业都很不起眼，这样很难形成企业的核心竞争力。一家企业不可能什么都做，只要你专注做一类产品，并做出一个与众不同的好产品，就可以打动部分消费者，就可以用这个产品去开拓市场，赚取利润，成为消费者心目中的首选，一旦在细分市场站稳脚跟，就可以成为小池子里的大鱼，成为某一个细分市场的老大。这样就便于建立根据地，逐渐壮大自己。聚焦有多重途径，一般包括市场聚焦、产品聚焦、地域聚焦、应用聚焦、客户聚焦五种。市场聚焦是选定一个相对比较小的细分市场，特别是高端市场进行精耕细作，从大众市场转向小众市场；产品聚焦是做一款或者两款拳头产品，就像苹果手机一样，不以数量和品种制胜，而是把一款产品做到极致，在竞争激烈的市场上占有一席之地；地域聚焦是锁定一个特定的区域，根据这个区域的特殊情况进行特殊处理，比如一家做焊条的企业根据某个地区酸雨比较严重的特点，在焊条里加入防酸雨的化学成分，得到区域市场的认可；应用聚焦是侧重于某一个特定应用场合，在普通产品基础上根据某种场合的特殊需要进行特殊处理，成为专用产品；客户聚焦就是抓大放小，不要对所有的客户一视同仁，而是区别对待，把大客户牢牢地把握住，提升服务内涵，提高客户满意度，甚至让客户产生依赖。通过以上五种聚焦的方式，提升新疆民营企业的产品竞争力，实现企业的转型。

方式四：差异化转型

差异化转型就是差异化地提供产品或服务，赢得竞争，企业从大众化产品转向小众化产品的战略。当前新疆很多行业的多数企业提供的产品都出现了同质化的现象，各个企业之间竞争白热化，动不动就上演价格大战，让整个行业的企业都受到打击，企业利润越来越薄，企业出现生存危机。而差异化战略可以避开正面冲突，可以提高产品的价格，可以降低竞争的强度，可以突出品牌的个性，容易被消费者辨识。企业要进行差异化战略，需要从战略和战术两个方面去实施。首先，在战略层面上，要设计与众不同的商业模式，有与众不同的品牌定位，与现有产品和品牌区别开来，也就是按照市场的逻辑去梳理企业的战略。其次，在战术层面上，企业的各级管理人员要经常深入一线，定期走访最终消费者，观察消费者需求的微小变化，了解消费者的痛点和痒点，从而掌握“未被满足的需求”，设计出差异化的产品。企业通过战略和战术上的思考和实践，认真调研和规划，才能真正满足小众的需求，提升企业的利润率，实现企业的转型。

（5）渠道模式转型

当前由于信息网络技术的快速发展，消费者对信息获知的渠道和方式越来越多，对产品体验和认知越来越理性，购物越来越多元化。同时消费者越来越成熟，对购物环境的要求越来越高，以上这些需求要求企业加快渠道转型和变革。新疆民营企业的渠道转型可以有以下五种模式：①渠道扁平化。扁平化最典型的模式就是厂商减少经销商和批发商环节，有条件的话直接采取连锁直营或加盟方式进行经营。②渠道品牌化。渠道品牌化是渠道里面的商家自主运作品牌，再向上游整合供应商，实现专业化的品牌连锁销售的模式。③渠道集成。渠道集成是把传统渠道与新兴渠道很好地结合起来，充分利用各种渠道的优势，创造一种完全不同的经营模式。新兴渠道可以细分为：综合性连锁、品牌专卖店、集团采购、网上订购等。④渠道关系伙伴化。渠道关系伙伴化是渠道合作创新的另一种形式，包括渠道合作伙伴合同式关系体系、管理式关系体系、所有权式关系体系。⑤决胜终端。终端是实现销售的最重要一站，终端运作的方法很多，决胜终端的根本思路就是真正实现“促销向沟通”“产品向需求”“渠道向方便”“价格向价值”的转变，并且能够有效控制货物的“流向”“流量”“流速”。

6.1.2 新疆民营企业在产业层面的转型

新疆民营企业在产业层面的转型可以有两种情况：产业集群转型和产业分布转型。

（1）产业集群转型

长期以来，新疆民营企业的发展呈现出零散发展的状态，很难提升发展效率和对外竞争实力。产业集群则强调的是集群内各个企业有组织的分工和规划有序的合作。根据集群内各个企业的优势来分工，让每个企业找准产业链中最有利于自己的位置，各个企业则集合在一起，组成最优的产业链，从而降低企业经营成本，提高竞争能力。因此，新疆民营企业要考虑好产业层面的转型：如何从散装发展向产业集群转型。

（2）产业布局转型

产业布局就是指企业以新建、并购、合作等方式，通过整体或局部的空间位移，在企业创办地之外实现企业扩张的现象。例如新疆广汇集团 1989 年以餐饮娱乐业为主，1994 年进入房地产开发和石材加工产业，2000 年相继进入液化天然气、煤化工和煤炭开发、石油天然气勘探开发领域，2002 年先后进入汽车服务和清洁能源产业，初步完成三大产业的战略构想。2011 年 3 月，集团三大产业正式命名为“能源开发、汽车服务、房产置业”。新疆广汇集团在 2014 年以销售收入 1 092.4 亿元位居新疆民营企业百强榜第 1 位。再如阿尔曼实业有限公司于 1990 年成立，最初是一个影视制作单位，通过 25 年的发展和努力，新疆阿尔曼实业有限公司成为一个集食品加工、商品零售、超市经营、进出口贸易、原料种植和快餐连锁于一身的多元化民营企业。阿尔曼从成立到现在，公司发展经历了五次跨域，同时公司业务范围、经营模式都有重大转变。2014 年实现营业收入 17.8 亿元，位居新疆民营企业百强榜第 10 位。

6.2 “核心区”建设中新疆民企转型升级之升级类型与路径分析

“核心区”建设中，新疆民营企业升级之路可以有四种类型：技术创新升级、产品架构升级、品牌传播升级、信息化管理升级。具体的升级类型和路径分析如下。

6.2.1 技术创新升级

进入"十二五"规划末期，这个特定的历史阶段将要画上一个句号，"制造业大国"转型为"创造大国"已经成为时代的新号角。新疆经济的稳定和发展，需要创新，需要一代又一代企业家和一批又一批的优秀企业。技术升级的具体路径主要有六种：①以实用技术创新为突破口，专注于细分领域的技术突破。②引进模仿，方向创新，进行反向技术升级。③星期天工程师制——低成本合作，锐意创新。星期天工程师制是企业聘请行业内的技术专家，利用周末等假期时间到企业进行专题性技术交流合作，或者聘请退休专家团，为企业专项攻关提供方法和策略。这一方式在新疆民营企业中非常适用。④"产学研"一体化，互利共赢，开放式创新。"产学研"一体化是技术升级的有效途径，无论是大型国有企业，还是中小型民营企业，此举都可能给新疆民营企业带来很好的技术突破。⑤开放式网络创新，聚集全球智慧力量。互联网技术高速发展后，企业的技术创新不再停留在实验室，各种各样依靠互联网、整合全球资源的技术创新模式层出不穷。⑥强化技术管理，提高技术转化成功率，降低质量损失成本。

加大研发投入，提高研发、设计、创新能力，增强自主知识产权是目前新疆民企技术升级的典型模式。比如，特变电工在技术创新的道路上抢占世界绿色、节能、智能输变电技术创新的制高点，争取国际市场上的话语权，走了一条从产品到集成技术，再到标准制定的发展之路。目前，特变电工拥有自主知识产权的核心专利技术及专有技术近 1 000 项，实现了 130 多项自主技术重大突破，其中 40 余项属于世界首创，参与了中国乃至世界行业标准制定 100 余项。在 27 年间，通过创新求变，特变电工成长为中国最大的能源装备制造企业、世界输变电制造行业的骨干企业。综合实力位居世界机械 500 强第 317 位、中国企业 500 强第 327 位、中国机械 100 强第 10 位。

6.2.2 产品结构升级

如果说技术是利润的引擎，那么产品则是增长的基石。主营业务要增长，综合毛利要提高，产品结构升级是关键。产品结构升级可以从以下六个方面来实现：①完整地理解产品的概念，并充分地开发、提升客户体验和产品附加值。一个完整的产品概念包含三个层次：一是核心产品，二是有形产品，三是辅助产品。三者相辅相成，构成一个完整的系统，缺少任何一个，都可能影响产品溢价和销售。②功能升级，品类创新，发现增长新蓝海。③调整和优化产品结构，设计好产品组合，提高综合毛利率。无论是商业流通企业，还是制造企业，都必须充分地考虑产品组合，通常产品有四类：形象产品、核心产品、竞争产品、利基产品。不同类型定位不同，企业必须充分考虑产品的角色分工，既抢占市场份额，又赚取合理的利润。④准确定位，抢占价格带，推出拳头产品，抢占市场份额。企业在推出产品时，必须对产品进行准确定位，锁定价格点，抢占主导价格带，赢得市场认可。⑤提炼卖点，针对目标客户精准诉求。⑥产品升级必须充分考虑渠道的匹配性。

6.2.3 品牌传播升级

一个企业有了技术支撑、产品保障后，还只是有了一个健康的体格，要具备高贵的精神气质，还必须全面提升内在素养和外在形象，这就是企业和产品的包装，只有包装精美了，才能溢价销售出去。新疆民营企业品牌传播升级的具体路径如下：①找准品牌核心价值。品牌传播，首先就是找准企业的核心价值，找准了企业的核心价值，就找到了诉求的灵魂，否则企业的传播活动会出现资源浪费。②系统思考“知名度、美誉度、忠诚度”。对于新疆民营企业家来说，品牌建设是一项系统工程，一定要正确地看待和认知。如果说知名度是注重广告效应的话，那么美誉度一定是更注重质量和口碑传播，忠诚度则更注重服务和客户沟通。只有三者有机地形成一个整体，才能达到更好的品牌推广效果，才能确保渗透率和忠诚度都高。③科学的品牌延伸，智慧的占位整合。④锁定目标客户，明确策略，找准接触点，整合传播才能四两拨千斤。整合传播分为四种：不同工具的整合、不同时间的整合、不同空间的整合、不同利益关系者的整合。

6.2.4 信息化管理升级

人口红利逐渐消失，制造成本、运营费用越来越高，要想在复杂多变的环境中生存发展，获取良好的利润，新疆民营企业必须推进信息化、智能化管理升级。只有不断信息化，才能逐步实现组织结构扁平化，才能逐步替代人工作业，才能更好地提高企业经营管理水平，改善上下游客户关系，提高服务效率，加快市场反应速度，打造核心竞争力，实现企业的升级。信息化管理升级不是一蹴而就的，必须科学规划、有序推进，可以从以下四个方面展开：①扎实地做好各项工作的原始数据积累，理顺各项工作的管理流程。新疆的多数民营企业都有不注重数据和信息积累的问题。多数企业并没有保存完整的员工工资、绩效考核、培训等基本的数据，使企业内部出现管理混乱和运行效率低下的问题，所以新疆民营企业信息化管理工作首先就是要扎扎实实地做好原始数据的积累，确保数据统计真实有效。②系统规划，逐步实施，按阶段推进企业的内部信息化建设。企业可以在开始阶段着眼于生产制造、工艺设计、成本控制环节的信息化工作，然后再逐步渗透到企业日常管理的各个环节和细节中。③上下游整合协同，构建符合企业自身特点的信息化系统。在建设好企业的内部信息化的基础上，可以考虑企业上下游整合协同问题。企业可以根据所处行业的特点，在上游可以建立供应商管理和询价系统，在下游可以建立客户关系管理和销售过程管理系统，从而构建符合企业自身特点的完善的 ERP 系统。④布局“云”的世界，抢占行业市场先机。当今，世界知名企业以及国内优秀的企业都将注意力集中到云计算上，布局面向未来的大数据处理系统。新疆的企业在这方面也要做大量的工作，跟上时代的步伐，做好抢占未来市场的准备。

第7章　“核心区”建设中新疆民企转型升级相关政策建议

鉴于在前文中分析的新疆民营企业在转型升级的过程中面对的严峻问题，要想真正让企业脱胎换骨，真正实现转型升级并非易事。任何事物的发展都需要一个过程，在这个过程中可能会遇到挫折、困难甚至反复，这需要社会制度、法制环境、投资环境、政策支持等一系列外部因素的改善，然而作为民营企业本身应该积极面对问题，不怕挑战。中国正在经历着经济结构调整的关键时期，有风险同时也有机遇，作为新疆的民营企业更有责任承担起经济转型的重大历史任务。

7.1　企业层面的建议

7.1.1　科学决策与精细化管理，提升员工工作绩效

我国目前正处于高物价时代，货币政策的宽松、人口红利的消失、投资主导的经济发展已经使得企业的经营成本不可能再回到低成

本时代，必须要清楚地认识到这一现实情况。对于原材料价格，除了少数集团化企业的议价能力强之外，大多数中小企业必须接受刚性成本，劳动力成本的上涨不可逆，用地成本的增加是企业无法控制的外部因素，既然经营成本的增加已经在所难免，那么新疆民营企业要想实现转型升级，要想不被高成本经营所拖垮，最重要的就是应该提高员工的单位时间产出，提升员工绩效水平。为此，建立科学的决策体系，提高管理水平，在企业中实现规范化、精细化管理是解决绩效问题的关键。

调研显示，在新疆民营企业中普遍残留着家族式管理的思想，组织结构普遍扁平化，企业家们时常犯决策随意化、浪漫化的错误，导致某些重大决策的失误，浪费了企业的资源，进而也降低了员工的工作绩效。作为企业的所有者要敢于放权，作为管理者要提升自己的管理水平，善于借鉴同行业领先企业的管理经验，在企业上下建立良好的沟通机制，防止不科学、不合理的决策，建立完善各种规章制度，不能仅仅让规章制度停留在纸面上，要加强执行力，要重视管理的细节，要善于使用灵活的管理方式，让员工保持工作的积极性、主动性，把时间和精力用在做正确的、符合企业发展战略的事情上，提高员工的绩效水平。只有科学的决策和规范的管理才能使得民营企业在经营成本居高不下的时代存活下来，进而保持自己的竞争能力和市场地位。

7.1.2 注重技术创新，加大技术创新投入

长期以来新疆的民营企业多数属于中低端的制造业和服务业，在产业链的中下游徘徊，许多企业仅仅依靠新疆的丰富资源“靠山吃山”，科研能力在企业中始终得不到足够的重视。这一方面源于新疆的地理位置偏远，难以在科技创新层面与内地先进企业建立广泛的合作，另一方面新疆的经济状况和政治环境难以吸引足够的高科技研究型人才来新疆工作和创业。当然外部环境的制约暂时是不能够改变的，创新环境的改善需要依靠地方政府的推动、科研高校的支持、企业自身的突破，包括政策、资金、体制、机制全方位的配套，这将是一个长期的过程。

作为新疆的民营企业家应该提高自身的创新意识，认识到企业的转型升级需要依靠科技创新、管理创新作为推动力，主要可以从以下几个方面入手：①民营企业要主动加强和相关科研院所、地方高校的合作，建立产学研结合的长效机制；②地方政府要完善相关产权保护制度，关键在于加强司法系统对于侵犯知识产权的立案和办理效率，使得企业有信心，有法律保障，敢于进行技术创新；③相关行业协会要积极探索成立科研基金会，资助并奖励有重大创新成果的企业；④新疆的民营企业要敢于“走出去”“引进来”，要加强与内地先进企业的广泛合作，要引进先进的管理理念和相关高科技人才；⑤要加大研究开发和技术创新的投入力度，依托大项目和重点工程，优先研究发展核心关键技术。总而言之，新疆民营企业的科技转型离不开地方政府的大力支持，更重要的是需要企业家们提高创新意识，带动整个企业上下形成重视人才、重视创新的氛围，再不能继续走老路，套用老思维。

7.1.3 提升企业人力资源水平，加快创新人才队伍建设

新疆民营企业要加快培育和引进高层次的创新人才，加快创新团队和创新人才服务平台建设。制定相关的优惠政策进一步鼓励和引导国内外的优秀科技创新人才投身新疆，为新疆的企业服务，拆除人才流动的壁垒，民营企业要与高校、科研院所的人才资源进行相互交流和共享，思考和探索形成一套完善的产学研合作培养创新人才的机制，进一步提升企业的科技人才创新能力。大胆引进和使用国内外高水平拔尖人才，建立开放型的技术创新中心，积极吸引和聚集国内和援疆省份的科技和管理人才到新疆民营企业工作。

各级政府财政要加大对创新人才发展的资金投入，较大幅度增加人力资本投资比重。大力发展各类创新团队，全力造就一大批能引领管理变革和大力提升企业管理水平的较高层次的全面的经济管理人才，全力造就一大批能引领关键核心技术的研究开发和占领技术制高点的科技领军人才，全力打造一大批能引领企业转型和快速发展创新的优秀的企业家队伍。

加强企业家队伍和企业接班人队伍建设，加快职业经理人队伍建

设。完善技术工人培养教育体系，继续发展技工学校或设立相应的技工专业，提高技术工人的能力和水平，为企业的产品升级和技术升级提供技工支撑。

7.1.4 重视品牌管理，加快企业品牌价值提升

品牌是企业核心价值的体现，一个企业具有的核心价值要通过其长期以来塑造的品牌形象加以表达。新疆许多民营企业，往往只顾低头生产，不管市场和营销，既无法获得市场信息，也缺乏议价能力，在这个崇尚品牌的时代，没有品牌将寸步难行。因此，一要增强品牌意识，不断提升企业管理和运用商标、品牌的能力。二要实施品牌创新战略，争创驰名品牌。引导新疆民营企业加大品牌创新的投入，培育"种子企业"，实现"无名品牌→弱势品牌→低附加值品牌→知名品牌→强势品牌→高附加值品牌"的升级。三要以企业集群为依托，以富有"专精特新"特质的民营企业产业群为载体，打造具有较强国际国内市场影响力和竞争力的产品品牌、产业品牌和区域品牌，培育新疆民营企业群体的知名度、影响力和市场份额。

新疆民营企业要注重品牌价值提升，从区域品牌向著名国内品牌和国际品牌转变，由不注重品牌塑造和推广向注重塑造品牌和提升品牌价值转变。企业要强化品牌设计推广，加强企业文化和品牌机构建设，加强品牌人才引进与培养，企业应该大胆并购国内外著名品牌，提升自主品牌竞争力，实施国内外著名品牌经营战略。

7.1.5 综合运用多样化融资，尝试互联网融资

资金是制约新疆民营企业发展的最重要的瓶颈性因素之一，只有构建多样化融资渠道，建立高效率的融资服务平台，多方合力，才能解决民营企业的融资难题。①利用供应链融资，它将供应链上的核心企业及其相关的上下游配套企业作为一个整体，既有利于银行控制风险也有利于企业增强信誉；②要注重和开户银行维持良好的关系，加强沟通，保证信息的对称，规范企业自身的财务管理，增强信用；③要善于利用融资租赁，由于其融资与融物相结合的特点，出现问题时租赁公司可以回

收、处理租赁物，因而在办理融资时对企业资信和担保的要求不高，所以非常适合中小企业融资；④要大胆尝试互联网融资，最近几年我国电子商务发展迅猛，网络平台拥有大数据的优势，可以广泛吸收社会闲散资金形成规模效应，中小民营企业可以尝试 P2P 网贷，虽然目前融资成本较高，但是融资速度快且没有繁杂的手续。随着互联网金融的发展，网贷平台会更加丰富，监管更加规范，融资成本也会随之下降，对企业来讲会有更多的选择。

7.2 政府层面的建议

7.2.1 建立健全合作培养人才机制，创造条件引人留人

现代企业之间的竞争归根结底是人才的竞争，没有人才就没有创新。新疆地大物博、资源丰富，这本应该成为吸引人才的资本，但是由于新疆是一个多民族聚集的区域，多种文化、宗教在这里交汇，社会稳定始终成为中央和地方政府对新疆工作的头等大事，加之近些年来反恐维稳压力陡增，导致新疆本土培养的人才外流。一个不可忽视的现象是，一方面，新疆每年的高校毕业生，尤其是研究生层次的人才不愿意留疆发展工作，造成新疆本地的高等教育实际上在为内地培养人才；另一方面，在内地甚至国外求学的新疆籍学生不愿意返回家乡发展的趋势也在增加。

本研究提出以下解决途径：①加强校企合作，民营企业要充分利用新疆高等教育资源，合作培养人才，提升企业人才素质；②地方政府要加强宣传力度，给予政策支持和资金补贴以吸引内地人才来疆工作，尤其是在外工作的新疆籍人才；③民营企业要加强与第三方专业培训机构的合作，将主要精力用于产品设计研发和日常经营管理，这既有利于降低企业的培训成本也有利于企业员工的知识结构改造和人力资源素质的提升。当然仅仅做到以上三条还不够，必须清楚地认识到最终还要落实到“感情留人，待遇留人”的层面上去。新疆在计划经济时代，工资水平处于全国前列，而改革开放之后新疆的工资待遇已经落后于全国平均

水平，这是中央政府和地方政府都必须正视的问题，收入分配改革要顾及新疆问题的特殊性和复杂性，使得新疆能够给高层次人才创造良好的经济环境。

7.2.2 落实全面深化经济体制改革，破除传统观念的歧视

“核心区”建设中离不开民营企业的贡献，虽然国有经济依然占据主导地位，但是必须清楚地认识到民营经济的贡献和增长潜力。社会的稳定、百姓的就业、地方的税收都越来越依靠民营经济的发展，所以地方政府、行业协会、高等院校都要大力支持民营企业的发展，给民营经济更多的自信。国务院前总理温家宝曾经说过“信心比黄金更重要”，我们国家要想打造升级版的中国经济，必须依靠民营企业，必须释放市场活力，必须加大力度改革，不惧怕任何阻力，要以壮士断腕的气魄全面深化经济体制改革。十八届三中全会给中国未来经济的发展定了总基调，强调要进行转型升级来调整经济结构，要相信市场的力量，要让市场在资源配置方面起到决定性作用，其中更是提出要对国有企业进行深入改革，逐步解决政企不分的现状，要降低民营资本的准入门槛，比如允许民营资本参股铁路、石油、电力、电信等行业，允许有条件的民营企业设立民营银行，鼓励发展混合所有制企业，这一系列重大的改革措施使得民营企业家们应该更加有信心参与到国民经济的建设和发展中去。国有经济和民营经济的相互融合会改善长久以来对民营经济的歧视状况，同时也会使得民营企业在和国企、央企竞争时更有自信和发言权，未来在中国，民营企业会大有作为。

7.2.3 加强金融和财政优惠对企业自主创新的支撑

要加快研究吸引民间资本投入新疆各种创新和发展转型项目，制定相应的金融和财政政策，加快金融创新，扩大民间资本对创新投入的渠道和机会，提高民间资本对创新投入的收益。

金融机构、金融政策和财政优惠要加强对新疆民营企业创新的投融资支持：积极支持创新型企业和优秀的新疆民营企业上市，提高企业直接融资比例，完善公司治理结构。强化银行信贷投向指导，开展融资跟

踪服务，鼓励新疆民营企业参与金融服务业发展，支持企业对外融资，支持有能力的创新型大企业发现融资券和票据。落实对企业的税收优惠政策，加强税收政策对企业发展转型升级的支撑，支持企业加快国际国内著名品牌建设，支持新疆民营企业“走出去”拓展国际发展空间，支持企业实施技术标准战略与技术研究中心国际化发展战略。

7.2.4 建立政府服务创新与企业发展转型的互动创新工程

“核心区”建设中，新疆民营企业的转型升级是涉及制度创新、管理创新和技术创新等诸多因素的系统工程，所以需要建立政府支持、企业用力的良性循环机制。十八大报告明确指出：“经济体制改革的核心问题是处理好政府和市场的关系，必须更加尊重市场规律，更好地发挥政府作用。”在新疆民营企业转型升级中，各级政府要通过全面深入的制度改革和创新的体制安排，完善和构建推进新疆民营企业转型升级的各种体制机制，从而形成让市场发挥配置资源的基础作用的调控机制。政府还需要创新和完善公共管理体制。新疆民营企业转型升级，需要配套的各级政府的转型升级，各级政府要思考如何通过政府职能转变为突破口，形成推进企业转型升级的引导机制，不断提高政府对企业的办事效率和服务水平。政府还需要拓展与提升公共服务内容。要丰富各级政府的服务内容，强化各级政府的服务职能，积极拓宽各级政府为新疆的各类企业服务的领域与范围。企业的转型升级离不开政府的相应的引导和支持。新疆民营企业转型是根本，新疆的政府转型是关键，其中市场机制作用的发挥也必不可少。因此我们需要加快建立政府与企业在转型升级中的互动创新体系，把企业转型升级中开放创新体系建设成果列入地、市、县级政府领导的考核指标，积极推进转型升级的制度创新。

第8章 “核心区”建设中新疆民企转型升级案例研究

8.1 广汇集团转型升级案例研究

8.1.1 新疆广汇实业投资（集团）有限责任公司介绍

新疆广汇实业投资（集团）有限责任公司创建于1989年，经过27年发展，形成了“能源开发、汽车服务、房产置业”三大产业。2015年，集团完成经营收入1 032.56亿元，实现净利润53.5亿元，上缴各项税收超过40亿元，是西北地区唯一一家总资产、经营收入均突破千亿元大关的民营企业，员工总数超过8万名，位列2015年中国企业500强第125位，中国民营企业500强第6位。公司先后获“国家诚信纳税企业”“国家西部大开发突出贡献集体”等称号。

广汇能源（证券代码600256.SH）立足新疆本土及中亚丰富的石油、天然气和煤炭资源，目前已形成了以液化天然气、煤炭、煤化工、石油为核心产品，能源物流为支撑的天然气液化、煤化工、石油天然气勘探开发三大业务板块，是国内唯一一家同时具有煤、油、气三种资源的民营企业。公司煤炭储量丰富，在哈萨克斯坦拥有石油 15.92 亿吨，天然气 4 213 亿立方米，是中国第一个在国外拥有油气资源的民营企业。重大项目如下：一是总投资 16 亿元、年产 5 亿立方米的鄯善液化天然气公司，是国内经营规模最大的陆基液化天然气生产供应商之一。二是哈密淖毛湖煤化工项目，一期工程年产 120 万吨甲醇、80 万吨二甲醚、5 亿立方米液化天然气项目投资总额超过 111 亿元，是国内已建成规模最大的煤化工生产基地。三是哈萨克斯坦斋桑油气综合开发项目稳步推进，2014 年 8 月 27 日获得国家商务部赋予的原油非国营贸易进口资质。四是总投资 6.8 亿元的吉木乃年产 5 亿立方米液化天然气项目工厂已正式生产，产能已达 140 万立方米/天。五是富蕴煤炭综合开发项目，一期年产 40 亿立方米煤制天然气项目列入自治区“十二五”发展规划，已获国家发改委批准，目前水利工程和基础设施工作已经完成。六是积极推进煤炭分质利用项目，与酒钢合建的 1 000 万吨煤炭分质利用项目一期工程于 2014 年 5 月 26 日正式开工建设，哈密淖毛湖 1 000 万吨煤炭分质利用项目即将试生产。公司积极响应国家能源战略，发展能源物流项目，2010 年 9 月建成全长 479 公里的全疆首条“疆煤东运”公路专线——淖柳公路，年运量达 2 000 万吨。全国首条国网规划、国标设计、国家批准、民企控股、民资兴建、联合运营的地方资源性铁路——红淖铁路，一期总长 445 公里，投资总额超过 142 亿元，已被列入国家发改委、铁道部落实“国务院新 36 条”的民营项目示范工程和自治区“十二五”项目规划，2014 年 2 月获得国家发改委项目核准批复，7 月 2 日红柳河至淖毛湖段实现铺轨合龙，预计 2015 年底建成通车，建成后近期年运输能力为 6 000 万吨，远期年运输能力可达 1.5 亿吨。在各方的共同努力下，118.5 公里的中哈萨拉布雷克-吉木乃天然气管道已于 2013 年 7 月份开始跨境供气，是国内第一条由民营企业经营的跨境天然气管道。同时，启东能源中转码头、宁夏中卫广汇综合项目正在建设中，建成后将成为广汇能源物流的重要中转基地。

广汇汽车（证券代码 600297.SH）于 2015 年 6 月 24 日正式登陆 A

股资本市场，开启了实业经营与资本运作并举的企业发展新篇章。公司从2002年开始涉足汽车服务业，2004年初步形成了全国性汽车连锁销售服务网络，为全国数百万客户提供整车销售、汽车租赁、二手车、维修养护、佣金代理等全方位优质服务。广汇汽车目前在全国拥有9家区域平台公司、407家4S店、488家经营性店面，2013年实现营业收入840亿元，新车销量54.63万台，连续三年稳居“中国汽车经销商百强榜首”，是中国排名第一的乘用车销售商、中国最大的乘用车融资租赁提供商及中国汽车经销商中最大的二手车交易代理商，连续多年荣获“中国汽车流通行业卓越贡献奖”等行业殊荣。2014年与阿里巴巴集团正式签署战略合作协议，共同打造二手车O2O交易平台；2015年与汽车之家达成全面战略合作伙伴关系，合力构建行业领先汽车电商服务平台。

广汇房产置业从1993年起步，现已成为西北五省最大的房地产企业，在新疆和广西“两区五市”开发了100多个多功能住宅小区和商业地产项目。截至目前，累计开发总面积1 891万平方米、物业管理面积1 511万平方米、热力供应面积1 480万平方米，其中中天广场、时代广场已成为乌鲁木齐地标性建筑，贵港东湖整治工程已成为广汇房产在广西的形象工程。

广汇男篮1999年成立，2002年进入中国男子篮球职业联赛(CBA)，近年来球队成绩名列前茅，四次夺得CBA总决赛亚军，2014年广汇青年男篮勇夺全国青年联赛冠军。广汇男篮为国家、新疆培养了一批优秀篮球人才，已成为广汇集团和新疆的一张名片。

8.1.2 广汇产业结构转型升级路径分析

从成立之初到现在，在不同的企业理念的指导下，广汇经历了数次转型，最终升级为目前广汇的三大产业结构。

（1）第一阶段（1989—1994年）：“赚钱广汇”的产业结构

“赚钱广汇”这一战略理念的主导阶段，主要经营目标是生存，企业各项事业也具有明显的“赚钱”效应。这一时期的产业结构如图8-1所示。

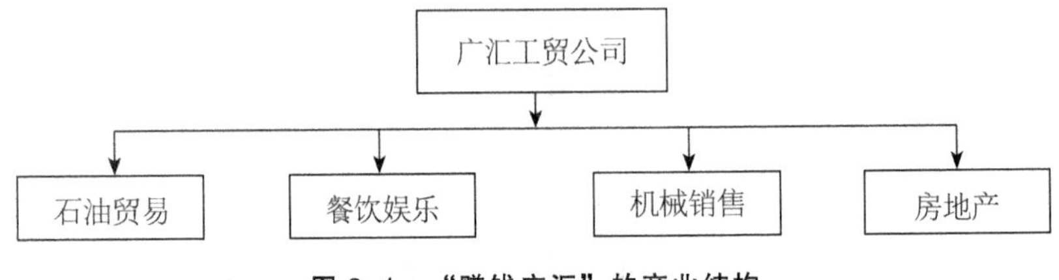

图 8-1 “赚钱广汇”的产业结构

1989 年，乌鲁木齐广汇工贸公司成立，代销工程机械。1991 年，广汇介入石油机械进出口贸易。1989 年，“广东酒家”开业，相继开办了香港美食城、迪斯尼乐园、凯旋门娱乐城等一系列餐饮娱乐场所。1993 年，广汇开始投资房地产业。

（2）第二阶段（1994—2007 年）：“事业广汇”的产业结构

这一时期是产业版图最为丰富的时期，产业结构如图 8-2 所示。

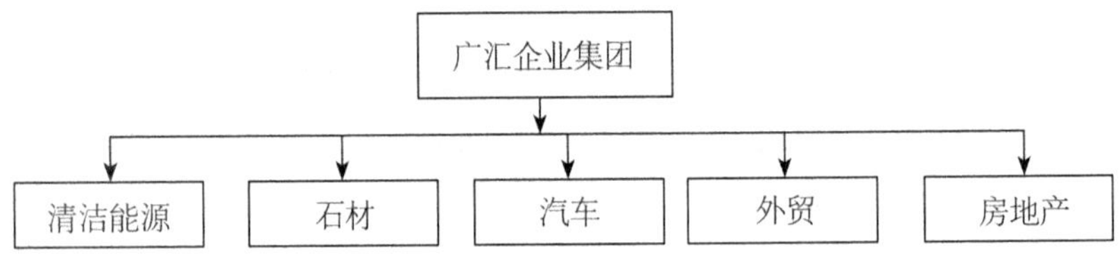

图 8-2 “事业广汇”的产业结构

1994 年 7 月，新疆广汇企业集团组建。广汇 1994 年进入房地产开发和石材加工产业，由三产推进到二产。1998 年及其后的 5 年间，广汇先后兼并了以国有企业为主体的 32 家企业，进行了“退二进三”的战略性调整布局，发展成为新疆最大的房地产开发企业。广汇于 2000 年先后进入汽车服务和清洁能源产业，初步完成三大产业的战略构想，并快速发展成为国内供应能力最大的陆基液化天然气企业和经营规模最大的汽车服务企业。2000 年 5 月 26 日，广汇股份（600256）在上海证券交易所顺利上市，成为中国石材第一股，也是新疆民营企业第一股。2002 年 6 月 13 日，投资 15.7 亿元的广汇液化天然气项目一期工程在鄯善县火车站镇开工奠基，2004 年 9 月 3 日，产品正式运往内地及沿海下游市场。2003 年，广汇通过入股方式成功进入了河南机电、广西机电两家区域汽车销售龙头企业，加上早先控制的新疆机电公司，广汇 2005 年对这三家省级最大的销售企业进行全面整合，成立汽车集团。

2006年6月2日，广汇汽车服务股份公司在广西桂林成立，注册资金6.5亿元。至此，“事业广汇”构建了以外贸、房地产、石材、清洁能源、汽车为重点的多元事业结构。

（3）第三阶段（2007—2016年）：“战略广汇”的产业结构

这一时期的广汇产业结构大致分为两个阶段：一个是2007—2012年的过渡期，一个是2012年至今的深化期。

①由“事业广汇”到“战略广汇”的过渡阶段

这一阶段的产业结构如图8-3所示。

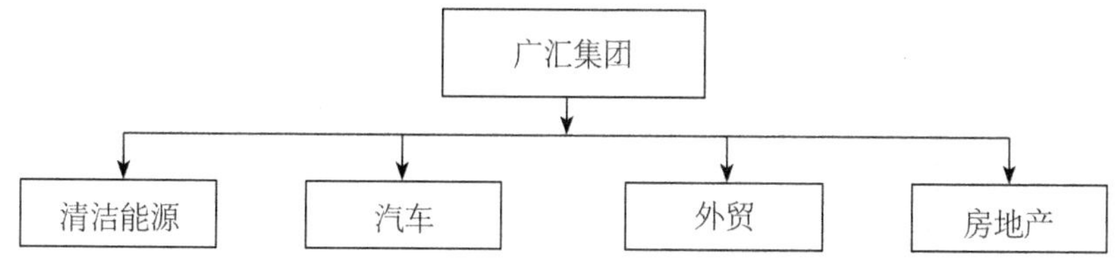

图8-3 由“事业广汇”到“战略广汇”的过渡阶段的产业结构

2007年2月8日，广汇汽车服务股份公司成功收购境外资本，公司注册资本增至30亿元。2008年底，蝉联中国乘用汽车第一大经销商称号。2009年6月21日，广汇将石材类资产转让给山西天东房地产开发有限公司，广汇股份彻底与石材产业分手。2009年新疆广汇新能源有限公司年产120万吨甲醇、80万吨二甲醚项目在哈密伊吾县淖毛湖镇奠基，新疆广汇吉木乃日产150万立方米液化天然气工程开工。2011年12月，广汇石油公司与哈萨克斯坦南依玛谢夫油气项目业主合作签约获得51%控股权。

②“战略广汇”的深化发展阶段：跨越式发展阶段（2012年至今）

这一阶段，广汇确定了坚定发展四大产业即“能源开发、汽车服务、房产置业、现代物流”的战略规划，广汇此后认真贯彻了这一战略。广汇四大产业架构如图8-4所示。

Ⅰ.能源开发。目前产业现状：广汇能源股份有限公司的前身为新疆广汇实业股份有限公司，成立于1999年，2000年5月公司股票在上海证券交易所上市。公司2002年进行产业结构调整，相继进入液化天然气、煤化工和煤炭开发、石油天然气勘探开发领域，2012年成功转型

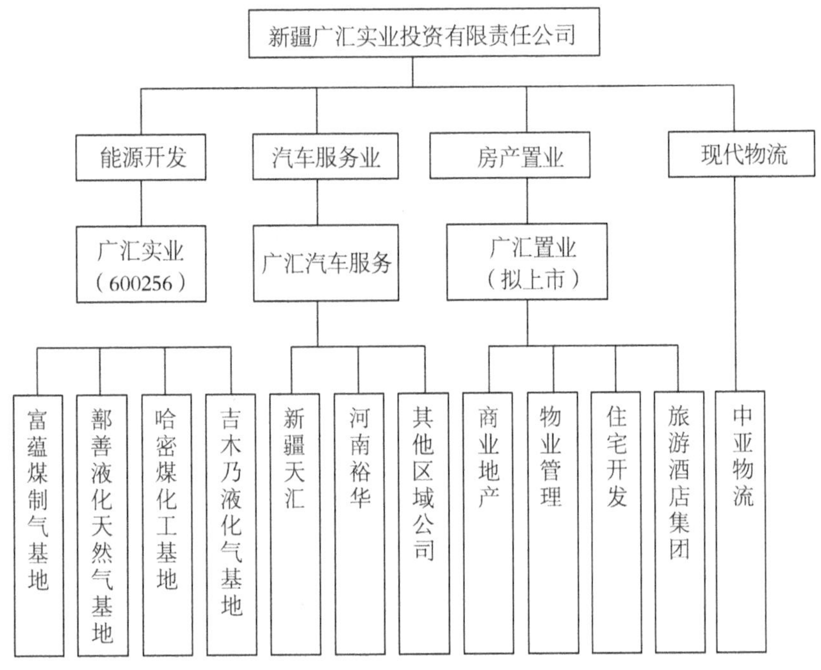

图 8-4 “战略广汇”的深化发展阶段的产业结构

为专业化的能源开发上市公司，同年 6 月 5 日公司正式更名为广汇能源股份有限公司。截至 2015 年 3 月，公司拥有总资产 254 亿元，员工近 7 000 名。自上市以来，广汇能源立足新疆本土及中亚丰富的石油、天然气和煤炭资源，确立了以能源产业为经营中心的产业发展格局，做强资源获取与资源转换，目前已形成了以液化天然气、煤炭、煤化工、石油为核心产品，能源物流为支撑的天然气液化、煤化工、石油天然气勘探开发三大业务板块。拥有两个油气田（哈萨克斯坦斋桑油气区块\南伊玛谢夫油气区块）、两个原煤和煤化工基地（新疆淖毛湖和富蕴）、三个液化天然气工厂（新疆鄯善液化天然气、淖毛湖液化天然气、吉木乃液化天然气）。广汇能源现已发展成为国内经营规模最大的陆基液化天然气供应商，成为国内唯一一家同时具有煤、油、气三种资源的民营企业。

Ⅱ. 汽车服务。广汇汽车服务母公司新疆广汇集团于 2002 年跻身汽车服务业，通过整合广西、河南等地规模较大、发展较久的区域经销商集团而迅猛发展，并于 2006 年正式注册成立广汇汽车服务股份公司。

历经近十年的不懈努力，广汇汽车以惊人的增长速度成就了傲人规模。目前，广汇汽车是中国排名第一的乘用车经销商、中国最大的乘用车融资租赁提供商及中国汽车经销商中最大的二手车交易代理商，拥有行业领先的业务规模、突出的创新能力，是中国乘用车经销及服务行业中的领先企业。2015 年全年，公司实现营业收入约 864 亿元，新车销量约 57.2 万台。截至 2015 年 9 月 30 日，公司建立了覆盖 25 个省、自治区及直辖市的全国性汽车经销网络，拥有 519 间门店，超 500 万保有客户，3 万多名员工，经销近 50 个乘用车品牌。

2015 年 6 月 24 日，600297.SH 正式更名为“广汇汽车”，标志着广汇汽车登陆 A 股市场。依托于庞大的业务规模及广泛的销售网络，广汇汽车为客户提供覆盖汽车服务生命周期的一站式综合服务，包括整车销售、汽车金融和租赁、维修养护、保险及金融代理、二手车交易代理服务等在内的全方位服务。战略性定位于中西部地区和中高端品牌，拥有持续业务创新的能力。广汇汽车专注于中国最具发展潜力的中西部地区，具有明显的区位优势。同时，公司拥有中国最广泛的中高端品牌覆盖，与中国主要的汽车制造商建立了长期稳固的合作关系，并与部分汽车制造商签订了战略合作协议，为公司进一步扩大经营规模提供了保障。广汇汽车率先在快速发展的乘用车融资租赁行业布局，并迅速建立行业领导地位。

目前，汇通信诚租赁有限公司（原广汇租赁）是中国最大的专业汽车融资租赁公司之一，注册资金超过 20 亿元，自 2011 年成立以来，已为近 30 万客户提供了购车融资租赁服务，并为超过 8 万客户提供了二手车融资租赁服务。业务覆盖全国 30 个省、自治区和直辖市，展业城市超 200 个，合作经销商逾 500 家，合作商近 200 家，二手车商户超 300 家。2015 年，广汇汽车开展汽车电商 O2O 融资租赁业务，开始布局汽车金融线上、线下全服务流程，探索汽车金融电商新模式。依托乘用车经销和售后服务平台，乘用车融资租赁业务亦能进一步促进各业务间的协同效应。

广汇汽车抓住中国二手车市场的发展机遇，大力发展二手车交易代理服务业务，经营规模在国内遥遥领先。2012 年启动当年即取得超过 2

万台代理交易量，2015 年上半年即达到 1.9 万台。2012 年 8 月，广汇二手车官方线上业务平台正式上线，这是国内首个由经销商集团搭建的二手车线上业务平台。此后，公司相继推出“广汇认证二手车”品牌服务、广汇二手车线上交易平台、广汇-阿里巴巴 O2O 交易平台等创新服务。2015 年 1 月，广汇二手车与中国汽车流通协会签定了基于国家标准的“行”认证二手车评估资质授权协议，在标准、资源、渠道、服务、团队五项核心要素上居于国内首位。2015 年 6 月，广汇二手车与淘宝拍卖会发布共建一体化平台信息，提供共建线上专属平台+线下标准化授权二手车服务中心一体化 O2O 模式，实现线上线下业务运作一体化，共同承担客户承诺，共同面向二手车消费者推广 O2O 产品，共同推广和管理平台。

广汇汽车于 2012 年开始积极探索互联网营销，并于 2014 年加强数据营销体系的搭建，率先在汽车经销集团中完成数字营销平台的开发和推广，对线上潜客资源进行规范化管理，提高转化效率。2015 年，广汇汽车夯实基础与积极创新并举，实施汽车服务“互联网+”战略布局。以服务为核心，以客户为中心，广汇汽车致力于打造客户全渠道沟通体系，搭建汽车电商平台，借助各类信息技术手段以及大数据挖掘，不断提升与创新客户体验，实现广汇汽车服务与车生活的无缝融合。展望未来，广汇汽车将继续巩固在中国领先的市场地位，把握商机，用心服务，以心联结，致力成为最优秀的世界级汽车服务集团。

Ⅲ.房产置业。新疆广汇房地产开发有限公司成立于 1993 年，是新疆广汇实业投资（集团）有限责任公司的下属企业，是国家建设部批准颁布的疆内第一个房产开发一级资质企业，是中国房地产业协会、中国建筑质量检验协会常务理事单位，是集房地产开发、建筑工程设计、公共设施建设和装饰装潢等多功能业务为一体的大型综合性民营房地产开发企业。现已成为西北五省最大的房地产企业，全国房地产企业 50 强，已在新疆和广西的“两省五市”区域内累计开发了 100 多个多功能住宅小区和商业地产项目，累计开发总面积 1 539 万平方米。其中中天广场、时代广场已成为乌鲁木齐地标性建筑。

广汇物业：2011 年底物业管理面积为 1 126 万平方米。被国家建设部评为“一级资质物业管理企业”，是自治区唯一一家获得此项资质的企业。广厦营销公司是广汇集团旗下的一家专业从事房地产顾问、策划、销售服务的企业，公司成立于2000年，已先后在新疆的乌鲁木齐、吐鲁番，广西的南宁、桂林等地销售了近80个不同类型的住宅项目，以及9个写字楼、2个工业园、2座别墅区等，是新疆销售规模最大、营销数量最多、经济效益最好的房地产顾问、策划、销售服务企业，为新疆及周边地区经济发展做出了重大贡献。

广汇热力：现有高新、十月、专汽、米泉、吐鲁番五个集中供热中心，195个换热站，一次管网总长度为59.5公里，供暖面积1 300万平方米，占乌鲁木齐集中供热面积1/6，供热户数达88 505户。在乌鲁木齐41家集中供热企业中，锅炉总吨位排名第一，供暖面积位居第二。

Ⅳ.现代物流

亚中物流设立于2000年8月18日，由新疆广汇石材股份有限公司(广汇能源的前身，下称“广汇能源”)、新疆维吾尔自治区机械电子工业供销总公司发起设立。

亚中物流是西北地区领先的商贸物流企业之一，主营业务为物流园运营、综合贸易业务，业务模式未发生重大变化。

在物流园运营领域，亚中物流的主要服务为自有美居物流园的运营。美居物流园位于新疆维吾尔自治区首府乌鲁木齐市苏州路，是乌鲁木齐市新兴的商业中心。经过12年的精心运营，亚中物流凭借对消费者的优质服务和入驻企业经营业绩的不断攀升在消费者和经营者中树立了良好的口碑，积累了大量优质商户，如欧派、索菲亚、卡诺亚、金牌、皮阿诺、志邦、TOTO、马可波罗、东鹏、冠军、法恩莎、箭牌、曲美、月星、光明、皇朝、南洋胡氏、德尔、菲林格尔、大自然、肯迪亚、梦天、艾仕、摩曼等。亚中物流被中国建材流通协会评为“全国建材重点流通市场”，被自治区工商局评为“诚信文明市场”，被自治区消费者协会评为“自治区级诚信单位”，被乌鲁木齐晚报评为“风尚之巅行业领军企业”，获得“首府商业地产最佳专业市场奖”。

在贸易领域，亚中物流主要从事钢材、水泥等综合贸易业务。亚中物流利用与钢材、水泥生产企业的良好合作关系，发挥批量采购优势，从而获得较低的供货价格，进而为自身和下游客户创造价值。

8.1.3 广汇转型升级影响因素分析

（1）企业理念

在新疆广汇转型升级过程中，战略的发展与转型是核心，企业理念是触发转型的最灵魂因素。广汇的转型升级的企业理念可以概括为“赚钱广汇”“事业广汇”“战略广汇”三个阶段，详见 8.1.2。

（2）企业家因素

从 1989 年起，孙广信以敏锐的洞察力逐渐看到了能源、土地和汽车服务终端网络的价值。孙广信认为：“只有把有限的资源集中到有前途的行业，广汇才能持续成长。广汇必须调整产业结构，把资源集中到三大产业上，三大产业以外的，不管是赚钱或不赚钱的，企业都要坚定不移地砍掉。”“军人意识中最重要的，就是金牌意识、强者意识。”在广汇 20 年的发展过程中，永争第一的理想支撑着孙广信及广汇的成长。

孙广信之所以成为广汇的灵魂人物，因为他一是视野远大，具有战略思维和洞察力；二是大胆开拓、锐意进取、不断创新；三是无比执着，不论遇到什么挫折、障碍、困难，他都百折不挠，不畏缩，更不放弃；四是严于律己，身先士卒，以强烈的事业心、近乎狂热的激情与全部的精力投入工作，为广汇的发展呕心沥血，殚精竭虑。“认真、用心、激情”是孙广信本人以及他时刻告诫广汇员工的口头禅，并已成为全体广汇人的自觉行为。

（3）企业管控模式

从战略和执行的关系分析，三大产业战略只是确立了广汇的发展方向，但关键是强化执行力。广汇高速成长的原因是不仅制定了恰当的战略，而且具有超强的执行力，把握住了战略和执行的关系。第一是目标与战略执行。目标是战略执行的首要因素，没有目标，战略将无法执行，更无法坚定地执行。第二是毅力与战略执行。广汇没有把战略悬浮于空中，而是踏踏实实、坚定不移地进行落实。没有持之以恒的毅力，自然就不会有成功的喜悦。第三是跟进和战略实行。广汇在制定了发展战略后，制定出与之配套的实施策略，放手让三大产业公司和相关部门具体实施，步步深入地跟进。

广汇在20年的发展历程中，从最早的一个单体企业逐渐演变成长为今天的广汇实业投资集团，在企业运营管理的每个阶段，都有战略运营管控。虽然初创时，管控能力的重要性还远比不上对市场机会的把握能力，但是自从1994年成立广汇企业集团后，管控能力的重要性日益突出。

广汇组织结构的演变如图8-5所示，说明了广汇不同时期管控重点的变化。

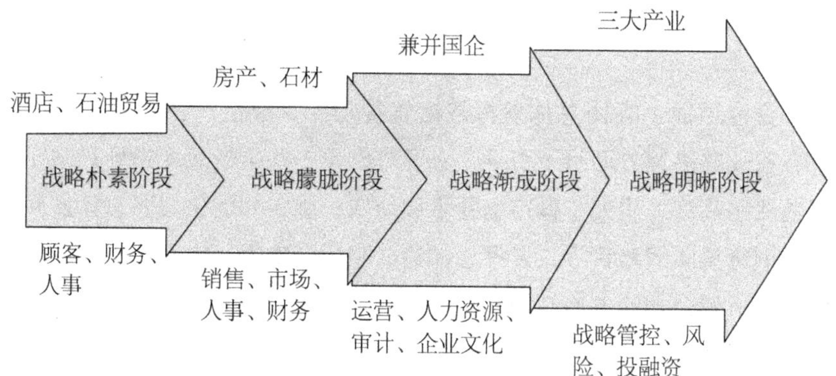

图8-5 广汇组织结构的演变

1994年，广汇企业集团组建，初步形成了总部以房地产业为支撑，拥有多个产业实体的两级母子公司架构；管控的重点是财务、人力资源、审计和政策研究，以确保集团的稳步发展。

2009年，广汇集团的组织结构表明：总部仍然以房地产业为支撑，并新增了清洁能源、汽车服务两大产业，管控重点除了原有财务、人力资源、审计外，还加强了战略运营、投融资、法规管控和企业价值观、企业文化的指引。两个不同的时间，广汇集团的管控边界发生了巨大变化，管控重点更多地向事关企业中长期发展和防范风险的要素转移，为战略贯彻和落实提供了坚实的保证。

2007年以来，广汇已经将战略管控作为提升管控和执行能力的重要手段，以有效发挥集团内外部资源的效力，使集团实力不断发展壮大。管控的目标是实现战略协同，广汇的战略有三个层面：

战略规划层面。确定远景目标——广汇未来10年的发展目标。制定发展战略——如何把握增长机遇，制定了清洁能源、汽车服务、房地产三大产业发展战略。业务组合——通过清洁能源、汽车服务、房地产三大产业的业务架构，实现基业长青。总部价值——为竞争优势创造更多的资源保障。

整合层面。当好广汇下属公司的后勤部，发挥整合协同功能，对各项资源进行优化配置，给予所属公司最适合的服务。对集团全局性的项目和基层需要总部层面解决的难题，要充分利用总部的优势，整合集团的一切资源，统筹运用协同机制，使资源最大限度地得到应用和共享。

管控层面。集团总体发挥战略管控功能，成立广汇下属公司指挥部，在战略决策方面给予引导，必要时给予一些实战战术指导；站在全局的战略高度，研究整体市场要素和动向；制定和优化集团总体发展战略；围绕集团战略目标，发挥总部的战略协同功能，审议和策划与之相应的各所属公司的发展规划和目标。

广汇战略运营部根据集团战略总目标制定每年度经营目标，然后由集团总裁同各产业负责人签订年度经营目标责任书，以战略年度经营计划形式分交各产业执行。执行过程中，采用半年度经营分析会、季度经营分析会、月度经营分析会、周财务报表等管控手段，对各产业经营状况进行实时监控。根据各产业实际经营状况，分析造成此问题的原因，派出调查组深入产业实地进行调研，及时进行战略修正，以保证整体战略的顺利完成。这4个环节循序渐进开展，滚动发展。

广汇由“财务+运营”管控模式向战略管控模式转变。集团本部主要职责是定方向、搭班子、配资源、监督和考核。三大产业平台的主要职责为集团战略和经营目标实施的组织指挥、过程控制及利润中心。基层企业的主要职责是为客户提供优质产品和服务。鉴于集团三大产业的行业特征及现阶段产业平台本身的管理水平差异，广汇认为：清洁能源和汽车服务业主要是提升战略执行和管理能力，采用运营导向模式，确保战略目标的实现；房地产业主要是解决好区域和方向性选择问题，适用于战略管控模式。

（4）企业文化

2002年2月，孙广信首次向管理团队提出：

①“四种精神”。一是求实务实的精神。提倡深入实际，深入基层，深入一线，扎扎实实干工作。二是与时俱进的精神。首先要加强学习，提高理论素养；其次要增强领导者、决策者的应变能力，干部要带头学习理论，学习市场经济规律、学习现代企业和现代科技的基本知识，跟上时代前进的步伐。三是认真负责的精神。企业的中高层管理者必须认真负责，搞经济工作更是来不得半点马虎。马虎就会出错，错了再想重新开始是不可能的，因为你错过了比金钱更难得的机遇。四是团结协作的精神。企业越大越需要凝聚力，在广大中高层管理干部中树立大局意识、整体意识、合作意识，在广大员工中倡导团队精神、协作精神。做企业有一个共同的目标，那就是努力实现效益最大化、市场份额最大化、无形资产最大化、人的价值最大化。这“四个最大化”的实现仅凭一两个人的努力是做不到的，要靠全体员工的共同努力。

②“五种能力”。一是理财能力，就是要当家理财，理财生财，理财生利，这是企业领导人所必备的能力。二是科学决策能力，就是不断学习掌握更多知识，在科学的前提下，敢于决策，敢于拍板。三是应变能力，就是在面临复杂的情况时，透过现象分析本质，及时拿出正确的处理方法。四是前瞻能力，就是对一些问题和未来可能发生的事情准确判断的能力。五是组织能力，是一种综合能力的体现，也是最关键的一种能力，是综合素质的具体体现，组织能力的高低直接体现出人格魅力的高低。

③“五种素质”。要增强政治素质、理论素质、品德素质、专业素质、身体素质。增强素质首先要从“我”做起，从领导干部做起。

④“一个战略眼光”。制定企业发展战略是领导者的职责，一个领导者，尤其是主要领导，不能满足于忙忙碌碌，处理业务；一定要养成从战略上考虑问题的习惯，只有站到战略高度，才能总览全局，才能有大思路、大决策、大举措。我们的工作才能高屋建瓴，势如破竹。这就

是说要贴近市场，按规律办事，生产什么不生产什么，完全由市场来定，研究发展不能离开对自身市场的分析。自身市场则并非自然天成，而是有待于发现、开发和创造。

为了培养广汇精神，广汇确立了“定规矩、立精神、加强文化建设”的方针。1996 年，广汇正式推出“军营好作风，民营好机制，国营好传统”的广汇“三营文化”。随着广汇产业结构的调整，一批国际化人才和职业经理人进入到广汇的人才队伍当中。更具开放性、世界性眼光的国际化人才和职业经理人，由于生长的环境不同，所受的教育不同，很难理解和接受广汇“三营文化”中的政治因素，于是“三营文化”的包容性不足暴露出来，广汇文化亟待再一次提升。2004 年广汇开始战略转型，广汇文化必须发生变革。从广汇领导层开始逐渐调整原有文化体系，淡化政治色彩，淡化所有制色彩，吸纳国际化元素，增加新的文化维度，最后落脚点定位于“诚信、多维、包容、开放”的内涵。

8.1.4 广汇转型升级案例点评

新疆广汇实业投资（集团）有限责任公司，2015 年经营收入 1 032.56 亿元，位列 2015 年中国企业 500 强第 125 位，中国民营企业 500 强第 6 位，新疆民营企业 100 强第 1 位。对于一家成立不足 30 年的地方企业，企业是如何逐渐摸索、快速发展、实现不断的转型升级的？哪些因素是广汇不断转型升级的关键因素？可以从案例里面大量数据和过程描述中得以呈现：

第一，企业理念。广汇在三个大的战略期——赚钱广汇、事业广汇、战略广汇中，都使用战略导向的管理思路。企业在不同的阶段凝练内外部环境要素的变化，制定出合适的战略导向理念，并用该理念统领所有的管理，三个战略期就是企业的三次转型升级，每一次都实现了质的飞跃。

第二，企业家精神。在企业发展的 27 年来，孙广信一直是企业的灵魂人物，在企业的转型升级中起着关键的作用。按照国内学者贺小刚（2005）对企业家能力的测度，企业家能力分为六个能力子维度，即战略能力、管理能力、关系能力、学习能力、创新能力和机会能力。孙广信在企业发展的不同阶段很好地抓住了机会，不断地学习、创新、使用战略导向的管理，充分挖掘与政府的关系，无论是早期房地产业，还是后期能源产业、汽车服务行业，孙广信作为企业的领头羊不断地带领着企业在不同的领域开拓、奋进。

第三，企业管控模式。广汇快速发展的原因，不仅是恰当的战略，而且具有超强的执行力。其管控有三个层次：战略规划层、整合层和管控层，层层落实，保障了企业的战略目标的落实。

第四，企业文化。一个优秀的企业，总是善于凝练和积累企业文化，用企业文化的传承来凝聚企业内外力量，实现快速发展。广汇的"四种精神"、"五种能力"、"五种素质"和"一个战略眼光"在企业发展中起到了很好的导向、凝聚、 约束作用，确保企业稳扎稳打地实现转型升级。

8.2 特变电工转型升级案例研究

1988 年，特变电工从昌吉市一个资不抵债、濒临倒闭的街道小厂起步创业，强抓人才兴企战略，持续加快自主创新能力培育，经过 27 年的创新发展，现已成为我国输变电行业的龙头企业，我国最大的电子铝箔新材料基地、大型太阳能光伏系统集成商。建有新疆、辽宁、山东、天津、上海、湖南、陕西、四川等全国八大生产基地，正在建设印度海外基地。产品销售遍布全国 31 个省、自治区、直辖市和美国、印度、俄罗斯、巴西等 60 余个国家和地区。综合实力位居世界机械 500 强第 429 位、中国企业 500 强第 366 位、中国机械 100 强第 11 位、新疆装备制造业第 1 位，品牌价值 275 亿元，名列中国装备制造业第 14 位。特变电工先后荣获三次国家科学技术进步一等奖和国家工业大奖、国家境外工程建设鲁班奖，是国家级高新技术企业和全国技术创新示范企业。

公司通过了 ISO9001、ISO9002、ISO14001、OHSAS18000、英国皇家 UKAS、美国 FMRC、国际 IEC 的质量、环境、卫生、安全等国

际体系认证，建立了辐射美国、日本、欧盟、俄罗斯、东盟、上合组织、非洲、海湾等60多个国家和地区的销售服务网络，是我国重大装备制造领域首家荣获“中国驰名商标”的企业。目前，公司拥有各类自主知识产权核心专利技术及国内外专有技术近600件，其中发明专利近百项，参与国内外标准制定100余项。1 000千伏特高压交直流产品标准已被IEC采纳，成为这一领域的国际标准。公司有百余种产品荣获国家及省部级科技进步奖，包括两项“国家科技进步一等奖”、十五项“中国机械行业科技进步特等奖及一等奖”。

8.2.1 特变电工的发展历程

特变电工前身是新疆昌吉市的一家小型街道集体企业——昌吉市特种变压器制造厂，主要业务是电源变压器制造及修理、小四轮拖拉机、马车铁件、生铁炉子制造，员工不到50人，1988年企业总资产15.8万元，但亏损却达73万元，濒临倒闭。现任特变电工董事长兼总经理张新，当年在厂里任技术科长，在当时极其艰难的条件下，挺身而出向昌吉市政府提出个人租赁承包经营工厂，在最初艰难的创业期，正因为有了张新和职工们“特别能吃苦、特别能战斗、特别能奉献、特别能学习”的精神，才有了特变电工后来的腾飞和发展。

在企业发展之初，自治区内同行业企业有三家，以特变电工的财力、装备和人力，都无法与人家抗争，根本没有可比性，更不要说全国。面对新疆区内外众多的变压器生产大厂，为了在激烈的竞争中站住脚跟，特变电工拾遗补缺，针对特种型号变压器工艺复杂，技术要求高，而且大多数靠单台生产，许多变压器厂都不愿意涉足的实际情况，开发特种变压器，在生产经营中，彻底转变以往企业先生产、后销售的传统经营方式，严格实行不接订单不生产，以无库存生产来保证有限的资金快速周转。在管理上，建立了内部目标责任制，切实落实责任和权利，提高了管理效率，这些改革措施使企业很快焕发了生机，效益大幅增长。1988—1992年间公司产值、销售、利润平均增长幅度分别达到82%、93%、112%。

有了正确的市场定位，企业又寻求以体制改革为长期发展奠定基础，一次偶然的外出学习中，股份制这个在当时还很陌生的新名词闯入了张新的视野。那时，内地对股份制的争议很大，股份改制的阻力很大，新疆对股份制更是两眼一抹黑。在那个年代大家一谈这个事都像是谈虎色变，认为来自股票的收入和来自按劳分配的收入是格格不入的。而张新最初的体会就是每个员工都要成为企业的主人，都是企业的一部分，他们的个人利益和企业是息息相关的。1992 年，该厂联合新疆区内外 4 家企业和近 200 名员工个人参股共同发起组建了新疆特种变压器制造股份有限公司，按照现代企业制度的要求建立了法人治理结构，实现了投资多元化体制，扩大了资本金总量，特变电工成为全区机电行业首家股份制改造企业。那时的特变电工还是新疆一家很小的企业，张新决定把最初积累的资产作为股份，动员员工、投资者、投资公司等，千辛万苦卖股票，在不到两个月的时间里即筹到资金 650 万元。企业利用这笔资金仅用 8 个月时间就完成了原计划要用 3 年时间完成的“八五”技改项目，当年实现产值 4 000 万元，创造利润 1 000 万元。在实行股份制改造后的 1993—1996 年，公司产值、销售、利润年平均增长达 50%。

1996 年 12 月，特变和新疆电线电缆厂成功进行重组，成立新疆特变电工股份有限公司，盘活电线电缆厂有效资产 5 200 万元，业务的关联和互补性使特变实现了两条腿走路。实施低成本扩张战略，以兼并重组方式先后盘活了 5 家国营企业 7 000 多万元存量资产，扩大了企业总体规模，生产能力迅速提高，1997 年 6 月公司发行 3 000 万社会公众股募集资金，股票在上海证券交易所挂牌交易，企业更名为今天的“新疆特变电工股份有限公司”，每股发行价格为 5.19 元，募集资金 1.48 亿元。在这以后，企业采取“一个立足，两个面向”的市场战略，即立足新疆、面向国内和国际，市场占有率迅速扩大。从 1997 年上市后，特变电工一手抓产业经营，一手抓资本运作。在产业经营方面，加大投入产品研发和技术改造项目扩大主业生产规模，提高产品科技含量和质量。在资本运作方面，采取低成本扩张战略，以控股或兼并重组的形式，扩大主业的规模和技术等级。此外，积极向高科技和高成长性企业投资，不断培育新的经济增长点，涉足了房地产业、太阳能风能等新能源项目、信息产业和有线传输网络、证券投资等领域。

公司的发展得到了党和国家领导人的高度关注和亲切关怀。胡锦涛、江泽民、吴邦国、温家宝、贾庆林、习近平等党和国家领导人先后莅临公司视察，对公司的发展给予了高度评价和殷切期望。1998 年，时任总书记的江泽民同志来到这个厂房参观后赞不绝口："你们有先进的设备、先进的技术、先进的管理，有高素质的管理队伍，前途无量。"

8.2.2 特变电工的产业布局

特变电工始终致力于"输变电高端制造、新材料、新能源"国家三大战略性新兴产业的创新发展，坚持走新型工业化道路，以科技、人才为支撑，深入推进"一高两新"（输变电高端装备制造业和煤电化多晶硅联合新能源循环经济产业链、煤电化电子铝箔新材料循环经济产业链）战略，以绿色科技、智能环保、可靠高效的高技术、高附加值产品和服务，装备中国、装备世界。

（1）输变电高端制造产业

输变电产业属于国家重大技术装备业，国家经济安全和发展的支柱性产业。公司拥有变压器、线缆及成套项目工程总承包三大产业集团。目前在超、特高压交直流输变电，大型水电及核电等关键输变电设备研制方面已达到世界领先水平。已具备自主研制特高压交直流变压器、电抗器、套管、互感器、GIS、高压开关柜、特种及干式变压器，1 000 千伏特高压绝缘架空线、750 千伏及以下高压交联电缆、扩径导线及母线、输变电智能化组件等全系列的输变电产品，装备能力、试验检测手段及自主研制能力处于当代领先水平。在海外已具备工程勘测、咨询、施工、安装、调试、运营维护一体化的集成服务能力。依托国家级工程实验室、企业技术中心和博士后科研工作站，公司先后承担了我国"十五"及"十一五"多项重大科研攻关计划，生产了一大批代表世界节能输变电最高技术水平的产品，包括 1 000 千伏特高压交流变压器及电抗器，正负 800 千伏特高压直流换流变压器，750 千伏变压器及电抗器，750~1 000 千伏扩径导线及母线，百万千瓦大型核电、水电及火电主变。拥有 330 千伏铁路牵引变压器等自主知识产权的核心技术，变压器产能达到2.5亿千伏安，居世界第一位。产品广泛服务于全国31个省、自治区、直辖市的电网电源建设，并为“特高压交直流输电示范工程”“三峡工程”“龙滩水电站”“西电东送”“西气东输”“电气化铁路”“贵广二回”等国家重点工程项目提供了首台（套）产品和服务。同时还远销五大洲六十多个国家和地区，服务于“美国西部电网改造工程”“欧亚洲际电网联网工程”“非洲、海湾成套项目工程”“塔吉克斯坦500千伏超高压输变电工程”等国际重点工程项目，公司国际竞争力和品牌影响力极大提升。

（2）新材料产业

电极箔是铝电解电容器制造的关键原材料。近十几年来由于电子产业的迅速发展，尤其是通信产品、计算机、家电等整机产品市场的急剧扩大，对铝电极箔产业的发展起到了推波助澜的作用。同时由于铝电解电容器的小型化、高性能化、片式化的要求越来越迫切，对电极箔的制造业也提出了更高的技术和质量要求。近年来，全球铝电解电容器市场以平均每年8.3%的速度递增，电极箔市场也以同等速度高速增长。由于我国电极箔生产质量与国际先进水平相比还有一定差距，同时先进企业的年产量与市场相比缺口很大，据海关统计数据，我国目前仍是一个铝箔净进口国，全国主要三十余家电容器厂每年仍需从日本和韩国进口电极箔近400吨。综观全球电极箔产业的现状，未来几年内，全球电极箔产业呈现如下趋势：一方面，电极箔市场持续增长，全球电极箔市场重心已经转移到亚洲，目前亚洲地区拥有世界上最大的电极箔市场；另一方面，电极箔产业将由产量决定市场向技术决定市场转变。近两年，全球特别是亚洲地区的电极箔生产企业数量大增，全球电极箔需大于供的情况大大缓解，同时由于电容器固态化片式化的发展，对腐蚀化成箔的技术要求越来越高，带来了对光箔要求的提高，因此全球电极箔产业将由产量决定市场向技术决定市场转变。

特变电工是我国最大的电子铝箔新材料基地，拥有铝深加工自主知识产权核心技术，公司依托新疆煤电资源优势，现已形成了“高纯铝-电子铝箔-电极箔”的高附加值电子新材料产业链，构建起乌鲁木齐高新北区产业园、阜康能源区、甘泉堡新工业区三大生产基地的集群发展格局，是全球产量最大的高纯铝生产基地和最大的电子铝箔研发和生产企业之一，产品工艺技术和质量均达到世界先进水平。目前，公司具备2.7万吨电子铝箔、1 200万平方米高压电极箔、4万吨高纯铝生产能力，高纯铝产品占全球市场的50%以上，电子铝箔占全球市场的30%，全面替代进口，并实现向美国、日本、韩国、欧洲等原产地的出口，为我国国防军工、航空航天、大飞机制造、电子信息产业、高速铁路客车及电动汽车等事关国家安全、国计民生的重大产业发展，提供了新材料保障。

（3）新能源产业

特变电工是我国唯一拥有全太阳能产业链的企业。坚持“资源开发可持续、生态环境可持续”，公司在新能源领域建立起由特变电工新疆硅业有限公司、特变电工新疆新能源股份公司、特变电工西安电气科技公司及碧辟佳阳太阳能有限公司等子公司组成的新能源事业部，依托多晶硅提纯制造的自主知识产权核心技术，已形成“石英矿–热电联产–多晶硅–硅片–太阳能电池组件–大型逆变控制系统–太阳能光伏电站”完整的全太阳能产业链。依靠技术创新，不断降低成本，实现零排放、零污染。目前已具备3 000吨/年多晶硅循环经济的生产能力，光伏产品覆盖模块式大功率太阳能光伏电站系统、500千瓦控制逆变器、10~500瓦的太阳能户用系统等领域，是我国大型太阳能光伏系统集成商。公司先后承接了3 000余座太阳能离并网电站的建设任务，曾先后参与北京奥运会、上海世博会、青藏铁路、宁夏太阳山10兆瓦太阳能并网电站，上海虹桥高铁太阳能光伏建设一体化，哈密、和田20兆瓦太阳能并网电站等项目建设，解决了大电网覆盖不到区域的40万农牧民饮水和用电问题，为中国中西部广大地区以及巴基斯坦、阿联酋、哈萨克斯坦等国家地区的军队边防、信息化、石油输送、旅游、沙漠绿化等建设工作提供了优质、可靠的能源保障。截至2015年，公司的光伏发电总装机已达380兆瓦，占国内装机容量的21%；年清洁能源发电量达到5.6亿千瓦时，相当于50万人口的中小城市一年的用电量，减少二氧化碳排放47.78万吨。

特变电工是新疆准东地区最重要的大型能源企业之一。公司大井矿区南露天煤矿一期工程2012年4月已获国家发改委核准，被列入国家西部大开发新开工23项重点工程。已完成水、电、路、暖、承包商驻地及铁路专用线等基础设施建设，目前正在全面加快1 000万吨/年的大型现代化露天煤矿建设，将为疆电外送、疆煤外运的国家战略服务。

8.2.3 特变电工转型升级的影响因素

（1）企业内部影响因素

①企业家精神

敢为人先，善识机遇，敢抓机遇，不断超越自我是企业家精神的内核，也是企业成长壮大的关键因素之一。特变电工能从街道小厂发展到行业龙头企业，企业家精神及其实践功不可没。1988年企业为了求生存，实行了租赁承包，初步建立了内部目标责任制，当年就实现了扭亏为盈。1993年初，为适应市场经济的要求，又联合四家企业发起组建了新疆特种变压器制造股份有限公司，完成了投资主体多元化，实现了企业的第一次嬗变。1997年又吸纳多家社会法人参股，股票成功上市，成为全国变压器行业第一家上市公司，实现了企业的第二次嬗变，使企业迈入了现代企业的行列，夯实了企业成长的基础，打开了企业成长的上升通道。2003年充分利用上市公司资金实力雄厚的优势和国家振兴东北老工业基地战略带来的机会，将我国规模最大、当时技术力量最强，也是自己最大的国内竞争对手的沈阳变压器厂纳入旗下，使企业占领了国内变压器行业的制高点，奠定了冲击国际一流企业的客观基础，从而实现了企业的第三次嬗变。

②技术创新

在当今时代，科学技术日新月异，商品、服务和技术的生命周期越来越短，技术创新及其快速运用已经成为企业抢占市场先机、取得竞争优势的锐利武器。特变电工之所以取得如此大的进步，先进的技术创新理念、科学的技术创新体系和全员创新文化功不可没。

Ⅰ.把技术创新作为企业发展的核心动力，依托国家重点工程提前开展技术攻关，使企业获得跨越式发展的机遇。

Ⅱ.建立了总公司、产业集团技术中心和企业技术部门三级创新体系，实行按产业集中开发、成果共享的技术创新机制，合理规划和推进企业技术进步。

Ⅲ.大力推进企业技术标准统一，促进企业整体技术优势的发挥。特变电工从2004年开始推进输变电产业7家企业的技术标准的统一，其中4家变压器企业已统一了技术基础标准、设计技术标准、产品标准、采购技术标准129项，3家线缆企业已基本实现了采购标准、工艺标准、工装标准、原材料及半成品标准的统一。

Ⅳ.党、政、工、团联合推动基层创新工作的开展，营造了全员创新的企业文化，形成了制度化、系统化，根植于基层，全员参与的全员创新模式，从而在全公司范围内形成了一个“比、学、赶、帮、超”的学习和创新氛围，使得企业创新具有了内在的动力和长久的生命力。

Ⅴ.技术引进与自主创新相结合，实现先进技术与经济效益的完美结合。特变电工通过对国外先进技术设备及工艺的引进消化和自主创新，加快了企业技术升级，使企业生产技术水平达到了国际同行业的先进水平，变压器产品电压等级从以前110千伏上升到1 700千伏，变压器产量从100万千伏安增加到现在的1.7亿千伏安，生产能力增长170倍。

③企业文化

企业文化是处于一定社会经济文化背景下的企业在长期发展过程中形成的共同的价值追求、道德准则、行为规范和风俗习惯等。企业文化具有客观性、差异性、长期性和潜在影响性等特点，对于凝聚人心、鼓舞士气、软化制度的冷峻性、校正企业成员的不良习惯、营造积极进取的工作氛围、传承优良的光荣传统等都有着特别重要的作用。富有特色的企业文化不仅是取得和保持竞争优势的重要手段，而且是企业核心竞争力的最重要的组件。特变电工在发展过程中，紧紧围绕企业发展战略，借鉴国内外优秀企业经验，建设了具有时代感、先进性和富有特色的，以“三心精神”（即顾客称心、股东放心、员工安心）为经营宗旨、“诚、变、康、简、和”（即诚则立，变则通，康则荣，简则明，和则兴）为世界观、“四特精神”（特别有远见，特别擅长学习，特别能战斗，特别可信赖）为核心价值观的企业文化体系，并以此为核心凝结成特变电工的核心竞争力。其中“四特精神”又是其文化的突出特征。它来自于过去创业实践中的积累凝练，已经成为广大员工价值观和行为方式的一种核心理念，是特变电工实现可持续发展和实现双百亿集团目标的精神支柱和根本保证，也是特变电工文化的核心元素。透视特变电工发展历史，我们不难发现，持之以恒的人本管理理念和实践是其文化的重要特征之一，也是特变电工成为“人才洼地”的不竭动力。

④品牌建设

改革开放以来，我国的市场竞争大体经历了四大阶段：数量竞争阶段、价格竞争阶段、质量服务竞争阶段、品牌竞争阶段。品牌建设早已超越营销策略层面而成为企业战略的重要组成部分。特变电工通过积极实施品牌战略，推行 CIS 工程，以质量树品牌，以服务塑形象，多角度、全方位的品牌创建活动取得了较丰硕的成果，形成了良好的企业形象力。该公司 1994 年正式启用“新特”牌商标。1997 年至今，“新特”牌商标连续被评为新疆品牌产品，2000 年，“新特”品牌被中国技术监督情报研究所认证咨询中心评为“中国市场知名品牌”。“新特”牌产品也是海湾、东南亚等国家的免检产品。2002 年，“新特”商标获得新疆著名商标并已在海外 20 多个国家进行注册，建立了保护和管理商标的良好机制。2007 年 9 月，特变电工“新特”牌“并联电抗器”，“沈变”牌和“新特”牌 220 千伏及以上电力变压器均荣获“中国名牌产品”称号。其独特的“国家领导人营销”活动在品牌塑造和传播方面最具特色。在我国独特的政治文化背景下，党和国家领导人的言行代表着国家政策的走向，所以往往处于新闻和社会舆论的中心。党和国家领导人到哪个企业参观考察，就是对该企业经营管理成绩的褒奖和品牌内涵的丰富，同时该企业也会获得大量的免费宣传版面，相比较其他营销传播方式，品牌信息传播效率和可信度更高。特变电工在这方面做得极其出色。江泽民等党的第三代领导集体成员和胡锦涛等党的新一代领导集体成员都先后参观考察企业，对公司的发展给予了高度评价和殷切期望。这些参观考察活动不仅丰富了“特变”品牌的内涵，提高了“特变”品牌的影响力，还为“特变”品牌的信誉提供了“背书”，这也同时为企业发展奠定了良好的外部环境。据不完全统计，近 10 年来，党和国家领导人到特变电工总部或下属企业参观考察 30 余次，有关新闻报道近百万字。

⑤核心业务突出

发展是企业的永恒主题，而不断拓展新业务、进入新领域则是企业成长的必然选择。但是，许多企业随着扩张欲望的不断增强，也往往会出现主业不突出、多元化过度问题。从理论上讲，可供企业选择的增长战略有密集型增长、一体化增长和多元化增长等模式，各种模式都有其优势和潜在风险性，本身并没有好坏之分，关键在于是否适合企业的战略方向和客观条件。特变电工通过致力于行业的深度开发和产业延伸，截至 2015 年底，形成了输变电产业、新能源产业和新材料产业为核心业务的主业突出，各产业相互协调、相互支撑的产业格局。

（2）企业外部影响因素

①需求驱动力

随着时代的发展和进步，人们对于物质品质的需求日益提高，这就需要企业投入新的生产工艺，才能生产出高品质的产品。特变电工为了实现最佳产品的目标，就必须要投入新的生产工艺以及技术支持。这时，可选择的路有很多条，特变电工并没有选择花巨资去购买一个只能用于一时的生产工艺方案，而是从可持续发展的角度考虑，投资成立了技术研发中心。特变电工对于市场需求的增加采取了并购战略，为了快速扩大生产，公司不断地寻找可并购的能给公司带来较大收益的并购对象。经过不断的寻找与洽谈，特变电工至今成功收购、兼并的较大型单位达 7 家。需求的数量和质量的提高，给特变电工带来了新部门成立和规模扩大的机遇，以这种商业模式的创新来实现企业的盈利增长，并取得了高度的收益。

②市场竞争驱动力

由于市场需求的扩大，有越来越多的竞争者投入市场，为此，企业要不断加强核心竞争力才能不被市场所淘汰。特变电工面临激烈的市场竞争，采取了降低成本的战略模式。比如，特变电工新能源公司生产太阳能电池板以及光伏产品等需要大量的多晶硅，多晶硅的来源主要由特变电工新疆硅业公司生产提供，而生产多晶硅需要大量的电力，为了降低成本，特变电工没有选择外购电力而是利用新疆地大物博的资源优势，建立发电厂选择价格较低的新疆煤炭作为供给，最终通过延长产业链的商业模式创新来降低成本，增加利润，提高市场的竞争力。由此可见，竞争对特变电工的转型发展有较强的驱动力，不进行创新或改变很难长期保持市场占有率，只有不断地寻求突破才能使企业的核心竞争力得到体现，最终达到盈利的目的。

③政策驱动力

特变电工股份有限公司地处新疆，科学地利用了国家给偏远地区的优惠政策和扶持政策，有效利用融资渠道及各项优惠政策实现了企业的稳步发展。特变电工先后承担了我国“十五规划”“十一五规划”的多项重大科研攻关计划，掌握了代表世界输变电设备高水平的大量产品，主要包括变压器、电抗器，以及扩径导线、母线，更有百万千瓦发电机主变压器等自主知识产权核心技术，为举世瞩目的西北 750 千伏试验示范工程、1 000 千伏特高压交直流试验示范工程、三峡工程、西电东送等国家重大工程提供了国产的首台（套）产品和服务。特变电工受政策的指引调整其企业的发展，顺应国家的发展需要，为企业谋得了无市场担忧的直接发展。

8.2.4 特变电工转型升级案例点评

2015 年特变电工集团销售收入 445.3 亿元，居世界机械 500 强第 224 位，中国机械 100 强第 8 位，中国民营企业 500 强第 69 位，新疆民营企业 100 强第 2 位。追溯企业发展的 28 年历程，总结企业转型升级的影响因素如下：

首先，企业内部的因素。企业家精神、技术创新、企业文化、品牌建设是最核心的要素。以张新为首的企业高管团队锐意进取，大胆探索，很好地凝练了企业的四特精神，坚持进行技术创新，获得一个个国家专利，很好地进行品牌管理，将特变的品牌，推广到中亚、非洲、美国，成为一家品质优良、享誉全球的优秀企业。

其次，企业外部的因素。政策的导向和市场需求是特变转型升级成功的重要因素。在特变快速发展的过程中，几次关键的转型与国家的政策都息息相关，在国家国退民进大的政策导向下，1999 年后特变电工先后整合了天津变压器厂、衡阳变压器厂、鲁能变压器厂、沈阳变压器厂等全国几家特大型变压器企业，一跃成为全国变压器行业的龙头老大。在国内外市场需求快速增长下，特变也在占领国内市场的同时，不断拓展国外市场，尤其是近两年“一带一路”战略的实施，特变的产品已经逐渐占领中亚市场。

8.3 美克公司转型升级案例研究

8.3.1 美克公司从 OEM 到 OBM 转型升级的历程和战略路径分析

美克国际家居用品股份有限公司（600337）是国内乃至亚洲规模最大的家具制造企业之一，该公司从 OEM 走向建立自主品牌和国际品牌，已经建立了规模化的生产基地，生产高档实木家具，在国际家具市场占据一席之地。美克公司以家具制造为主业，从 OEM（贴牌生产）走向 OBM（自主品牌），通过进口国外的木材资源，生产高档实木客厅、餐厅、卧房、家庭办公等家具，成功地在国际家具市场占据了一席之地。该公司主要经营生产销售家具系列产品及装饰装潢材料，非配额许可证管理，非专营商品的收购出口业务，是为数不多的从做代工发展成为国际化品牌的企业。美克公司的发展可分为以下几个阶段：

（1）1992—2002 年美克公司的“海归”历程：由完全的 OEM 向“美克・美家”自有品牌的蜕变

美克公司发展初期的 10 年间，家具主要以 OEM 的形式面向美国市场销售。1992 年前后，国外家具品牌产商在中国很难找到合适的代工者，而中国当时出口流程相对复杂，需要寻求国际贸易商和合作伙伴。新疆丰富的林木资源、廉价的劳动力成本、国内较少的家具出口企业为美克公司的 OEM 带来了发展契机。因此，美克公司选择与中国台湾台升集团合作，以 OEM 的形式共同开拓美国松木家具市场。

1999 年，中国驻南联盟大使馆被轰炸，政治、汇率等风险对仅有出口业务的美克公司产生了震动，这给美克公司的未来发展规划敲响了警钟。美克公司面临在对冲海外市场风险的同时，开发一个拉动业绩增长的新市场的洗牌选择。随后的几年中，出口业务面临着人民币升值、原材料价格上涨、中国劳动力成本上涨、出口退税政策调整等一系列的政策环境变动，中国家具 OEM 厂商的形势几乎每况愈下，处于海外家具消费市场疲软、家具 OEM 厂商订单减少和运营压力增加的境况中。而与此同时，中国 GDP 的快速增长，国内消费者的购买能力正在逐步增强，国内市场环境的改善加速了美克公司“海归”的步伐。

2000 年，美克公司准备在国内筹备建立门店，并将店名定名为“美克・美家”（Markor Furniture），这对美克公司来说是一个巨大的挑战。2001 年，“美克・美家”花费 1 000 万元购买了美国软件商开发的“STORIS”零售管理软件，这套软件可管理 400 多家门店。2002 年，“美克・美家”第一家连锁店在天津开业，标志着“美克・美家”自有品牌在内地横空出世。借助海外市场的成功销售经验，美克公司引入国外先进的管理运营模式，在提升自身管理优势和成本优势的同时，加快了国内市场的开拓。自 2002 年“美克・美家”第一家家具连锁有限公司成立后，“美克・美家”以平均每年开店 4~5 家的速度，先后在北京、天津、上海、成都、杭州、乌鲁木齐、大连等多个城市开设了家具专卖店，初步形成了内地家具连锁销售网络。2014 年，美克完全停止了 OEM 业务，已拥有了完全的自有品牌。这与美克公司以往的战略有密切的关系，完善的营销网络和营销渠道为其奠定了坚实的基础。

（2）美克由 OEM 向国际品牌的转变

2009 年，美克公司收购美国 Schnadig 公司，美克公司成立海外事业部。通过本次收购，美克公司从价值链的生产环节走向营销和设计环节，实现了从 OEM 向国际品牌的转变，增强了核心能力。金融危机让美克获得了一个收购机会，收购 Schnadig 相关资产使美克公司拥有了自己在美国的品牌，同时还与美国最大的家具零售商建立了直销关系，成为它们在亚洲的首选供应商；与美国最大的家具组装工厂建立了战略联盟，为其提供上游产品；与美国最有影响的家具进口商建立了紧密合作关系，形成辐射南北美洲和欧洲的国际营销网络。

2011 年美克公司提出“构建绿色绩效和强势品牌”的设想，旨在实现企业可持续发展。由于代工厂做 OBM 要有完善的营销网络作支撑，渠道建设的费用很大，花费的精力也远比做 OEM 和 ODM 高，同年，“美克·美家”利用国际品牌的影响力，重返国内市场，满足高端消费者的需求，实施新品牌战略，引进海外子公司的 Caracole 品牌加入“美克·美家”营销渠道，丰富产品层次，提高“美克·美家”店面竞争力。同时计划将公司的美国品牌 A.R.T. 在中国销售，实施加盟战略，提高盈利水平。2011 年，“美克·美家”向客户提供多元化的服务，通过完整统一的 CRM 客户管理系统平台，检查和梳理售前、售中、售后的服务项目和标准，以客户为中心，针对客户反馈和薄弱环节，不断改善提高“美克·美家”客户服务的内容和标准。2012 年，“美克·美家”的品牌推广主题是“启发生活灵感”，美克公司开发了位于商业中心的家居馆，并主要通过城市核心店、城市标准店、城市卫星店等，在全国开办了 35 家店面。这为美克从 OEM 向 OBM 的转型升级，奠定了坚实的基础。

以下分别从企业内部和外部因素对美克公司从 OEM 到 OBM 转型升级的历程进行分析。

8.3.2 企业内部因素对转型升级的影响

（1）战略因素

美克公司作为新疆重点出口创汇企业，在由国际走向国内、打造家具垂直一体化价值链、以一站式服务构造家具“蓝海”、多元化进入精细化工业的同时，美克公司也通过品牌营销、运营系统的持续改善和资本运作等方式有效地支持了其战略的实现。美克公司的战略成功取决于三个因素：依托区位资源优势、前瞻性的战略定位及有效的战略实施。具体而言，可将美克公司的发展战略归纳为以下四种战略：①由国际市场走向国内市场，由国外市场带动国内市场；②一体化战略打造家具价值链；③差异化战略构造家具“蓝海”；④多元化战略以充分利用新疆本土优势。

随着全球一体化程度的不断提高，企业将以自己的产品、技术、资源和管理在市场中求生存、图发展，企业战略就是研究人力资源及组织架构、业务流程、市场、顾客及产品信息技术，而对企业资源条件的战略因素进行分析与评价对确定企业的战略能力，提高企业的核心竞争力尤为重要。本研究将引入动态能力这一概念，作为一种能力，动态能力使企业内部资源、能力与外部环境三者相互整合，这种能力是企业创造价值和形成竞争优势的源泉。美克家居股份有限公司要想取得转型升级的成功，必须要对原有的战略进行调整，让资源发挥最大的价值，从而提高企业的动态能力。

2009年，美克公司正式收购已有56年历史的Schnadig公司，从此摆脱了多年的OEM身份。此次收购是继续推动美克公司向智能型商业模式转型的一个重要举措和步骤，使公司形成了从产品设计、产品开发、产品生产及产品销售为一体的完整进化链，建立了新的业务增长方式，是价值链向上游攀升的公司战略的具体实施。多年来，该公司积累了丰富的国际合作和管理经验，此次吸收Schnadig的经营资产，将使公司家具制造业真正成为一家“服务型的制造业”。

（2）品牌因素

从OEM到国内零售品牌的建立，美克公司用了12年时间。2002年，美克·美家首家旗舰店在天津盛大开幕，并携手美国著名家具品牌伊森艾伦，将国际领先的家居零售模式带到中国，美克公司正式进军国内家居零售市场。目前，美克公司已在全国40多个大中城市开设了近80家自营连锁店面，成为中国家居行业标杆性品牌。

与同行业的其他公司相比，美克公司在国内市场中占有较大的市场份额，已经建立了自己的品牌团队，专业、高效、紧张、团结是品牌对团队的必然要求，也是创立成功品牌的必要保障。品牌对于企业的重要性不言而喻，在家居市场中要想创立品牌家具就必须先建立一个高素质的团队。此外，作为一个著名的企业，媒体在美克公司的品牌宣传中发挥着至关重要的作用，借助媒体来传播企业、产品和品牌的信息，提高品牌知名度进而获得市场占有率，已经成为了众多企业入驻消费市场的制胜法宝之一。

（3）技术因素

中国家具制造业属于资源和劳动力密集型产业，主要依赖于低廉的人力资本和木材资源进行生产，我国家具行业仍然处在以要素推动的阶段，主要依赖廉价的劳动力资源进行低水平的加工贴牌生产。虽然劳动力资源丰富但受教育程度较低，缺乏专业研发设计人才，对于科技含量较高的生产设备使用较少，使得资源的使用率和生产率较低。我国家居产业的技术设备和生产能力、劳动力素质以及产品技术含量都比较低。

美克家居股份有限公司作为一个拥有自主品牌的公司，已经实现自主的产品设计，产品技术含量和附加值都较高，现阶段主要集中于中高端产品，产品市场份额在中国家居行业中独占鳌头，市场竞争力较强，已经在国内市场实现品牌效应，能够较好地抵御外来风险。美克家居在我国市场具有较强的市场竞争力和畅通的销售渠道，产品出厂价格较高，已经实现了较高的利润额。

但是，任何一种消费品发展到较为饱和的阶段都会走向以缩短产品消费周期的做法来扩大消费市场的需求。早期缩短产品消费周期的做法通常依靠的主要是新技术和新功能，而后期则必然更多地依赖于产品的个性化审美价值的创新，通过个性化外观设计缩短产品消费周期在家具行业促销中的效果尤为显著。

（4）企业家因素分析

冯东明作为企业的“灵魂带头人”，他不仅是一个企业家，更是一个艺术家。艺术家的一股子热血和冲动，使得冯东明在美克公司发展的每一个阶段的决策中达到了“疏密之间，纵缰驰骋”的效果。掌握企业战略“大方向”的冯东明，将“平衡感”一词发挥到极致，“平衡”正是主宰美克公司每一次重大战略选择的关键词。在整个家居行业中，达到了“疏可跑马，密不透风”的高度。

一个企业的成功发展的关键因素离不开企业家的远见卓识与领导力。动态能力能够使企业内部资源、能力与外部环境之间形成相匹配的组织战略性能力，这种能力是企业创造价值和形成竞争优势的源泉。动态能力划分为三个维度，即感知机会的能力、抓住机会的能力和整合重构的能力。一个成功的企业家必须掌握动态能力的三个维度，能够感知企业外部机遇，善于利用机会，拥有整合重构的能力，才能够使企业在激烈的市场竞争中立于不败之地，实现企业的可持续发展。冯东明无疑是一个成功的企业家，他不仅可以敏锐地感知企业外部机遇，而且善于利用机会，拥有卓越而持久的整合重构的能力。

一个成功的企业家，是一个战略家，也是一个军事家，更应该是一个艺术家，他的每一次决策都是在为企业绘制未来的发展“蓝图”。其在企业中能够发挥“灵魂带头人”的作用，是值得企业信任、跟随的决策人，有助于发掘企业中其他利益相关者的自我发现，每一次自我发现都是知识与资本的“盛宴”，可以为美克公司未来的发展奠定坚实的人力资本与智力资本。

8.3.3 美克公司转型升级外部影响因素

（1）美克公司转型升级中的融资环境因素

2000 年，美克股份（600337）在上海证券交易所成功上市，为美克家居产业持续发展提供了更为广阔的舞台。公司上市以来，首先，其融资渠道大大拓宽，吸纳了更多的社会闲散资金，使公司资金流转更有活力，为经营规模的进一步扩大奠定了雄厚的资金基础，减少了其对银行贷款的依赖性。其次，有利于分散公司风险，公司上市以来，部分损失由股民承担。

美克家居股份有限公司的股份制改造，为其告别“家族化”的管理模式，迅速走进更加现代化的管理体制奠定了基础。家族企业必须经历“从封闭到开放、从不规范到规范”的历程，才能向封闭式管理模式说“再见”，企业要经历蜕变才能获得新生。完成股改后的美克公司改变以往过度依赖银行间接融资的局面，使得企业从担保链和民间高利贷中解脱出来。这使得美克公司资金更加雄厚，盈利能力更加稳健，解决了其融资约束问题，美克公司作为新疆 43 家上市公司中的一个典型家居企业构成多层次的资本市场的一部分，致力于做国内最好的家居企业，服务于整个资本市场。

（2）美克公司转型升级中的政策环境分析

美克公司做 OEM 以及转型升级的动因与瞬息万变的国际环境有密

切的关系，国际环境的变化使得国内宏观调控政策发生很大的变化，美克公司是 1993 年开始做家具制造的，一开始主要是做 OEM 生产，其原因主要是中国当时出口程序相对复杂，需要寻找国际贸易商合作；国外家具品牌商又不断地在国内寻找合作伙伴；美克家具还没有在市场上为消费者所知道；新疆当时有丰富的林木资源，劳动力成本又比较低。于是美克公司就与中国台湾台升集团合作共同开拓美国松木家具市场。1995 年美克公司与中国台湾台升木器厂共同出资设立了美克国际家私集团有限公司，分别出资 75%和 25%。合资公司一方面继续做 OEM，另一方面准备走向 OBM 和零售。截至 2000 年，美克公司大约 80%的家具出口到美国，主要为以下这些品牌商提供 OEM 或 ODM：Ethan Allen、RTG、Berkshire Hathaway、Division、Thomasville Home、American Signature、Havertys 等。

2000 年前后，家具行业出口业务经营状况逐渐恶化，主要原因在于人民币升值、原材料价格上涨、劳动力成本上涨、出口退税政策调整，美克的 OEM 订单迅速减少，运营压力增大，利润率急速下降。而在这一时期，中国经济快速增长，国内消费者的购买能力增长很快，这就加快了美克公司国内销售和自创品牌前进的步伐。在这一个转折点上，企业要么倒闭，要么浴火重生，美克公司以冷静的头脑抓住了这个机会，成功地将主营业务由国外转向国内，为成就如今的“霸业”奠定了坚实的基础。

2011 年以来，国外的一项项环保指令，连续两年的“退税”风暴，欧盟、美国的反倾销举措，以及“保证金”政策都使国内家具的出口严重受限，也加剧了国内家居市场的竞争。自“甲醛超标事件”以来，社会各方面对家具产品健康质量的要求不断提高。环保政策与国外倾销法的压力，家居行业标准的限制，促进了家具行业的规范、技术的升级。

（3）美克公司在转型升级中的竞争态势分析

真正与顾客近距离接触的美克人，无一不传达着一种信息：真正意义上，我们是在销售“美克”所独有的企业文化，如果说品质是产品的生命，那么企业文化就是品质的灵魂。首先，一个在行业中能够脱颖而出的企业，销售的不仅是产品更是一种企业文化，是区别于其他企业最根本、最纯粹的一种感知。

其次，美克公司纵横全球国际营销网络和国际领先的家具零售模式是其区别于行业内其他企业的优势所在。美克公司自1993年进入家具制造业起，以较高的年均增长率，发展成为中国最大的家具制造企业之一。确立全球化的市场战略，凭借理想的生产基地，建设覆盖全球的多层次、全方位国际营销网络，分布在北美洲、欧洲、亚洲、大洋洲、南美洲、非洲六大洲。国际家具连锁美克·美家，凝聚艺术灵感，成就人们关于家居的一切梦想。美克·美家结合美克公司国际家具市场的成功经验，配合深厚的文化底蕴，自2002年构建了覆盖中国的国际家具连锁零售网络。拥有遍及美国、加拿大、欧洲、日本、澳大利亚等国家和地区的零售商、制造商、进口商。美克·美家定位为家居整体解决方案先行者，致力于向中国消费者提供世界级、多元化生活方式。并联手世界著名家具零售品牌"伊森艾伦"，同时将国际领先的家具零售模式带到中国，在美轮美奂的美克·美家连锁店，荟萃了全球300年家具艺术风格，整合家居专业设计，消费信贷，配送及售后等完备的优质服务。实现了国际先锋的一站式置家理念，提供免费的配送服务，在国际一流的STORIS物流管理系统平台支持下，实现从工厂、店面到顾客的家的安全、稳妥、快捷、高效的配送，以品牌连锁服务中国。

此外，美克公司完全满足个性化需求是美克公司最大的特色所在。在产品设计方面独具匠心，专业设计顾问全程免费设计咨询，依据生活习惯、爱好、家庭状况提供功能划分、色彩搭配、风格搭配、装饰建议等专业艺术级的设计服务，并可依据需要上门实地满足尺寸、空间等细节要求。一系列满足个性化需求的服务，无疑为美克吸引了众多忠实的消费者。

(4) 产业环境分析

1992年前后，一些国外家具品牌产商，在中国往往找不到合适的代工者。"那时行业里主要是国有企业，双方在观念上无法搭桥。"在冯东明看来，这是个机会。谁懂得玩品位，谁就能搭上这班车。1996年，美克公司里很多人对从生产基地到天津港的长途运输心存疑虑，当时时任公司董事长的冯东明，在这一事件上“力排众议”。天津港是美克公司家具出口的必经关卡，选址天津是因为天津经济开发区里有不少财富 500 强公司，美克公司要与它们毗邻，如今看来，选址天津，可以视为美克公司转型的第一步，尤其在 1998 年国家政策发生变化之后。1998 年，在原材料需要进口之后，天津则成了离原材料最近的制造地。大部分木材无须运输到新疆再制成家具回流至天津港出口，运输成本大大降低。

通过对我国家居产业市场分析获悉，随着住宅条件的日益改善，使得中国居民在家居装潢上舍得投资，其购买家居的能力正不断增强，整体市场发展迅速。家居企业发展到现在，家居市场的产业格局已经相对成熟了，市场规模也越来越大。2015 年，几乎所有的具有一定品牌知名度的家居企业都在同时向高、中、低端的市场发力，不再仅仅是单一的客户群体，而是将市场进行更全面的细分，不仅将市场进行细分，而且同时在企业内部也进行细分，分化出专门针对高、中、低端市场的部门与团队，360 度抢占市场。更多家居市场众多的家居企业也开始投入电商的怀抱。互联网正带领家居行业进入一个全新的市场，目前涉足的家居企业都在探索与尝试，谁能成为最后的赢家，也许要看谁能把握住互联网的脉搏，与之共同发展。家居企业也开始电商革命，不少家居建材企业企图通过走电子商务道路来摆脱目前的行业困局。在美克公司转型升级中，这无疑是对其最大的挑战。

8.3.4 美克公司转型升级案例点评

美克公司从 OEM（贴牌生产）走向 OBM（自主品牌）和国际品牌，成功地在国际家具市场占据了一席之地，是为数不多的从做代工发展成为国际化品牌的企业。2015 年销售收入达 41.5 亿元，位列新疆民营企业 100 强第 3 位。从案例中我们可以看到企业内部的战略管理、品牌管理、企业家精神和外部的国家政策、融资环境、竞争环境和产业环境都对企业的转型升级起到了很重要的作用。

8.4 新疆帕尔拉克地毯厂转型升级案例研究

新疆的少数民族企业已成为新疆经济发展中不可忽视的重要力量，而这类企业转型升级一直都是民营企业持续发展的重要任务。在当前转型升级的大浪潮下，新疆民族企业的转型升级仍有很多的问题要总结。由于新疆民族企业自成立之初就存在着许多问题，因此在转型升级过程中受到很多因素的制约。现在以新疆帕尔拉克地毯厂为例，分别从企业内部和外部因素对其转型升级进行分析。

8.4.1 企业内部因素对转型升级的影响

（1）战略因素

通过对经营环境的研究，企业战略将企业的成长和发展纳入到变化的环境之中，为企业的发展指明了方向。在企业战略的指引下，企业能够增强其经营活动对外部环境的适应性，正确地选择企业合适的经营领域和竞争优势，提高决策能力和水平。当外界环境发生重大变化时，企业要进行战略调整以适应这种变化。在我国经济处于转型之际，新疆民营企业要想取得转型升级的成功，必须要对原有的战略进行调整，让资源发挥最大的价值，从而提高企业的动态能力。

新疆民营企业有很多是家族企业，它们主要依靠家族领导者的个人判断、直觉来制定企业的战略，缺乏深度的战略分析，由此得到的战略缺乏全面的考虑，这会给企业的运行带来很大的风险。目前新疆民营企业的生产经营逐渐趋向理性，在制定战略的过程中更加依照市场和消费者需求，同时也体现了专家意见在战略制定过程中的重要指导作用。

新疆帕尔拉克地毯厂在转型升级过程中根据市场和消费者需求的不同采取差异化战略，对市场进行了细分。首先，把市场细分为国内市场和国外市场。国内市场又细分为疆内和内地市场，新疆帕尔拉克地毯厂根据不同民族的需求来加工地毯，目前也在正在生产能满足汉族同胞的地毯，以进一步开拓内地市场。国外市场又可以分为中亚市场和欧洲市场，由于欧洲国家生产地毯的大型企业很少，同时欧洲市场对地毯的需求日益增加，这为新疆帕尔拉克地毯厂提供了开拓欧洲市场的良机。

新疆帕尔拉克地毯厂采取差异化战略不仅能使企业在激烈的竞争中取得超常的收益，2014 年地毯厂销售收入为 1 亿元，预计 2015 年底为 1.2 亿元，更重要的是它能够建立起对付五种竞争力的有效防御。新疆帕尔拉克地毯在转型升级过程中通过实施差异化战略提高了顾客的忠诚度，建立了较为稳定的顾客群，不仅降低了顾客的损失率，减少了顾客的流失，而且创造了更多的销售收入和业绩，这也为新疆民营企业的转型升级进而提升企业的动态能力提供了一定的借鉴。

（2）品牌因素

企业品牌是一个企业的信用度的象征，是提高企业生存与竞争力的因素之一。对于消费者来说，最初的认知模式是“产品-企业-品牌”，而当企业拥有知名品牌后，消费者的认知模式就变成“品牌-企业-产品”，也就是消费者首选品牌，然后是经营者，最后是产品属性之类的因素。新疆民营企业起步晚，发展的黄金时间更短，这在一定程度上受品牌策略失误的制约。对于处在转型升级中的新疆民营企业来说，应该充分意识到品牌这一无形资产对企业的重要性以及可能给企业带来的附加利益。更为重要的是，新疆民营企业应该选择与行业变化相对应的品牌战略以适应行业的发展，进而提升企业的动态能力。

新疆帕尔拉克地毯厂在产品营销过程中主打帕尔拉克这一品牌，在新疆好多地区都有销售点，很好地宣传了本企业的产品和形象，也为企业的转型升级打下了良好的基础。目前，地毯厂除了帕尔拉克这一品牌外，还注册了 9 个小商标并且在地毯的图形设计方面申请了 6 个国家专利。新疆帕尔拉克地毯厂在品牌和商标方面取得的成就，充分说明了地毯厂在转型升级中对品牌策略的重视。

品牌的建设对企业发展的影响是无法衡量的，只有加大品牌建设，企业才能在激烈的市场中站稳脚跟。新疆民营企业必然希望企业能快速发展，在这样的目标导向之下，加大企业品牌建设就成为了企业自身发展必须要考虑的一种战略。市场竞争是残酷的竞争，处于竞争弱势的新疆民营企业，大都在发展的过程中受到品牌发展瓶颈的制约。对处在转型升级中的新疆民营企业来说，采取合理的品牌策略以打造具有本企业特色的产品，进而占领更广阔的市场，才是新疆民营企业应该思考的应对当前形势的策略。因此，只有依靠强势的品牌优势，才能够在激烈竞争中始终处于优势地位。

（3）技术因素

技术创新对企业发展的作用举足轻重。企业必须加大技术创新以提高核心竞争力，从而提升产品的市场竞争力和企业的动态能力，以实现企业的长期快速发展。对于处在转型升级中的新疆民营企业来说，由于它们中的大多数还不能充分意识到技术创新对企业发展的重要性，整体发展水平相对落后，技术创新能力相对较低，这在一定程度上影响了企业动态能力的提高。新疆民营企业行业的产业结构主要是劳动密集型产业，而资本密集型产业、高新技术产业所占的比重非常低。由于生产方式、基础装备、产品技术含量水平不高，很多民营企业在生产过程中依然是依赖手工劳动或半机械化的操作，而以现代化大生产方式运用高新技术开发高端产品的民营企业所占的比重相对较低。要解决低水平发展状态，新疆民营企业必定要谋求转型升级，以避免因竞争力不足而遭遇的发展危机。

新疆帕尔拉克地毯厂是新疆帕尔拉克进出口贸易有限公司下属的一家生产厂商，它集研发、生产、销售于一体的专业地毯于一身，其主要产品有各类高、中、低档机织地毯、手工地毯、艺术挂毯等，种类齐全、图案丰富、款式新颖、设计专业，采用新型的技术，具有环保舒适、美观大方的效果。

2007年，总公司获得乌鲁木齐经济技术开发区二期洞庭路100号43亩土地开发使用权，经过多方的考察和科学论证，决定投资建设新疆民族特色传统高端地毯加工项目。时至今日，新疆帕尔拉克地毯厂又加大了外国先进的技术引进，使得自身发展更加迅速，其产品不但在新疆本地及内地热销，而且其国外订单也在不断增加，占据了很大的市场。

新疆帕尔拉克地毯厂转型升级过程中的诀窍就在于：公司进行不断的技术创新，提高产品的质量并培育自身的核心竞争力，进而提升了企业自身的动态能力，从而拓宽了自身的发展空间，具体体现在以下几点：

①通过技术创新来提高自身核心竞争力

企业的核心竞争力是企业独特的、长期形成的知识与技能的集合，它对企业的意义在于能够动态地整合企业资源和提供与企业环境变化相适应的能力，从而在竞争中压倒对手。企业核心竞争力是支撑企业过去、现在和未来的竞争优势，并使企业在竞争环境中能够长时间取得主动的核心能力。可以说，核心竞争力不仅仅是竞争优势的根本，更是企业的竞争之源。核心竞争力的主要内容之一就是具备创新的技术，帕尔拉克地毯厂的领导较早地认识到了这一点，他们把技术进步和技术创新看作企业发展的源泉。

要在竞争激烈的市场上站稳脚跟并打出自己的招牌，企业必须加大技术投入，使公司在生产、设计、加工、质量上赶上甚至超过同行业中的知名品牌，必须从技术创新出发，生产更具竞争力的产品。该公司一开始就从比利时引进最先进的机织地毯设备，已经能生产花色品种多达100多种的地毯，完成了机械化、自动化操作，生产效率是手工生产地毯的1 500倍，而且生产出来的地毯在质量上深受广大消费者的认可。

帕尔拉克地毯厂正是基于“通过技术创新发展自身的核心竞争力进而提升企业的动态能力”这一战略，不仅赢得了国内外地毯市场，更重要的是形成了自己的经营理念。

为了实现更好更快发展，在自治区的支持下，帕尔拉克地毯厂又争取到了200亩地，准备筹建新疆地毯产业示范园。他们计划将在2016年完成一期建设，届时将增加25套织机，实现成为西北地区地毯业龙头的梦想。至2018年，计划完成二期和三期的扩建百亩计划，再上马25套织机，预计实现产值12亿元。可以说，技术创新使帕尔拉克地毯厂成为了新疆地毯生产商的巨头。

②精确定位，走专业化的技术创新道路

帕尔拉克地毯厂自建立以来，企业领导深深意识到市场竞争局面的严峻性，在经过了多番考察之后，确立了专业化的技术创新道路，全厂上下集中财力、人力和物力专攻地毯的生产和加工。地毯从设计转入生产，由小批量到大批量的周期不断缩短，同时由于先进技术的引进，提升了企业的动态能力，使得地毯的质量深受广大消费者的青睐。帕尔拉克地毯厂正是凭借着专业化的技术创新策略才达到了现在的高度，才使得产品走向了国内外。

③以消费者需求为导向，拓展市场

企业进行技术创新的出发点就是消费者的需求。技术创新的根本目的就是要激发消费者的潜在需要，只有把消费者内心深处的潜在需求彻底地激发出来，才能真正征服一代消费者，真正产生颠覆性的效果。

在新疆的少数民族中，有很多民族都是地毯的消费群体，他们大都是基于传统习俗购买有特色的地毯。即使受限于家庭经济条件不能购买上档次地毯，但出于宗教文化他们也会在毡房里、土房里挂着或铺着挂毯、地毯图案的布料。另外，地毯是消耗品，为了保持宗教习惯，他们会把旧的换掉。因此，新疆本身就是地毯的一个巨大市场，而且这个市场潜力是巨大的。再加之周边许多国家和新疆少数民族有着相同或相近的习俗和文化，这个后备市场的开拓，也将是无限的。

帕尔拉克地毯厂根据消费者的宗教文化以及风俗习惯设计他们所需要的地毯，并配以先进的设备进行生产，这使得产品不仅能满足国内各民族消费者的需求，而且深受国外消费者的好评。目前工厂订单主要来自各大代理商，生产的地毯也一直是供不应求，而且出口到附近中亚国家的地毯销售量也在逐渐增加。

不断加大的技术创新，使得帕尔拉克地毯厂在地毯行业的竞争力日益提高，增添了企业的生命活力，扩大了地毯市场。通过技术创新来培育企业的核心竞争力以及实现企业的快速发展，对于帕尔拉克地毯厂而言，不失为一条有效的发展途径。企业要明白在技术创新中，必须成为技术创新主体，同时把握主动性，才能真正做到创新。

新疆民营企业的自主创新道路虽然刚刚开启，但也取得了不少的成绩。在我国致力于推动由“中国制造”向“中国创造”的国际竞争模式的转型升级进程中，新疆的民营企业在转型升级中也必定会迎来巨大的挑战和机遇。对新疆民营企业来说，要想让自己的品牌走向更广阔的市场，关键就是拥有自主创新的能力以获得核心竞争力和提升企业的动态能力。

新疆民营企业在转型升级中，必然要加大技术上的创新，那么企业都需要进行一定的资金投入，通常企业在技术创新前期的资金投入会比较大，并且面临较高的投资风险，这导致资金方面本身就没有优势的民营企业要想进行主动的技术创新仍然存在着很大的难度。对民营企业技术创新政府应做的事情的相关调查显示，大部分的企业都选择了“应加大项目资金的投入和支持”。其实，近年来我国政府已经加大了技术创新资助的力度，但由于我国的相关法律法规一直不够完善，所以政府所投入的资金很难真正落实到民营企业手中。

（4）企业家因素

“企业家就是赋予资源以生产财富的能力的人”，这是管理学大师彼得·德鲁克对企业家的定义。由此可见，正是由于企业家的存在，才让企业生产、创造财富变成了可能。作为市场经济的主体，企业尤其是民营企业在发展过程中离不开企业家的领导决策。企业家是社会财富的拥有者和支配者，他的任何决策行为都会决定企业的命运，而企业家的群体决策甚至可能影响一个地区的经济发展。在现代企业中，企业家在企业中的地位是无可替代的。因此，在新疆民营企业转型升级的整个过程中，企业家的作用更是明显的，可以说，企业家精神是企业转型升级的灵魂。

作为新疆帕尔拉克地毯厂的大股东也即创始人之一，坎吉瓦衣·肉孜对地毯厂的发展做出了巨大的贡献。坎吉瓦衣·肉孜经商多年，在创业早期，他做的最成功的是布匹生意。当时在他看来，布匹的市场不仅仅局限在新疆地区，更广阔的市场前景是在内地还有国外。为了开拓更广阔的市场，他参加了很多国内和国外的博览会，并在博览会上看到机织地毯的市场前景。正是坎吉瓦衣·肉孜丰富的从商经历和独特的眼光，才成就了如今蓬勃发展的新疆帕尔拉克地毯厂。地毯厂从比利时引进的技术设备，更为企业的发展注入了新的动力。可以说，企业家精神对新疆帕尔拉克地毯厂的发展起到了不可磨灭的作用。

在企业发展和成长过程中，企业家精神发挥了至关重要的影响和作用。新疆民营企业的企业家在企业转型升级的过程中，应尽可能地发挥自身优势，尽可能地发现和获得市场以及发展方面的机会，消除潜在的威胁，充分地整合以及配置资源，这样才能提升企业的动态能力，才能加快企业实现转型升级。

在当今互联网高速发展的驱动下，新疆民营企业的企业家应顺应潮流以保持创造力和前瞻性，在企业转型升级的过程中将企业的生产和营销充分与互联网以及大数据等平台结合起来，以改善民营企业的创新环境。

8.4.2 企业外部因素对转型升级的影响

（1）融资环境

企业要想发展壮大，跟上时代的步伐，在激烈的竞争环境中脱颖而出，需要企业家必须打破传统经营的思维方式。新疆的多数民营企业当下仍然处于一种传统经营状态：通过自身的盈余来扩大再生产，由小到大，慢慢地滚雪球式的发展。这种发展方式已经给成长中的新疆民营企业带来了巨大的威胁，即在激烈竞争的情况下，企业必须快速发展，否则就会被竞争对手淘汰。新疆民营企业要实现快速发展就要扩大融资规模，拓展融资渠道，而融资的主渠道是借贷，就是债权融资。

新疆民营企业在发展过程中的融资问题主要体现在过度依靠自有资金、融资渠道过于狭窄等，而由于自身管理水平低、担保机制不完善等更加大了融资的难度。对于处在转型升级过程中的新疆民营企业来说，要实现企业快速的转型升级，企业必定会加大成本投入，对融资的需求会更大。

新疆帕尔拉克地毯厂为实现企业的转型升级，2014 年向政府贷款 1 200 多万元增加各种固定资产，如生产设备、生产厂房等。地毯厂在 2015 年贷款 2 000 多万元进一步扩大了生产规模，并加大了对员工技术培训的投入，规范了生产流程，以更好地生产出满足顾客需求的地毯。近年来，自治区政府加大了对民营企业发展的重视程度，在一定程度上改善了民营企业的融资环境，缓解了民营企业融资难、融资少的问题。

新疆帕尔拉克地毯厂也在为上市做准备，他们的初步打算是在创业板上市，以实现公司的更进一步的发展，待到时机成熟会走向更高的平台。新疆的民营企业大多数是中小企业，自有资金不足，盈利能力较弱，一般很难符合上市条件的规定，因此它们在转型升级中要想从股票市场上融入资金是不太现实的。由于大多数的民营企业从事的是劳动密集型的传统行业，这也使得它们很难通过有关政府部门的审核和批准，通过发行债券融入资金。虽然中小企业板的启动为新疆民营企业提供了更多的融资途径，但是受到各方面条件的制约，目前二板市场尚不能成为新疆民营企业的主要融资渠道。因此，对于处在转型升级中的新疆民营企业来说，利用上市、发行债券或商业票据进行融资的难度是相当大的。

（2）政策环境

自新疆工作会议以来，新疆整体经济发展迅速，各个行业的发展形势也是一片乐观。新疆民营企业落后的生产技术设备得到改善，科技研发人员的素质得到提高，各行业物流运输条件得到改善，这些都使得新疆民营企业商品的生产不断提高，也为新疆民营企业的转型升级带来了契机。

近年来，新疆帕尔拉克地毯厂的发展相当迅速，规模不断扩大，在转型升级过程中得到了自治区政府的大力支持。在资金方面，自治区政府加大了对地毯厂的贷款额度，相对降低了贷款利息，这在一定程度上减轻了地毯厂的融资负担。在土地方面，自治区对地毯厂申请的土地给予了很大的优惠，以相对较低的价格批复给了地毯厂以帮助地毯厂实现规模的扩大进而加快转型升级的进度。

随着“一带一路”战略的实施，新疆作为核心区，通过这一战略，对于促进新疆民营企业和产品以成规模的形式走向国际市场，有效带动地区的经济社会发展将起到非常重要的推动作用。新疆的地方政府也加大了对民营企业建设与发展的重视，解决民营企业的融资问题并尽快帮助它们实现企业的转型升级。因此结合“一带一路”的战略背景分析当前新疆民营企业转型升级的现状，提出合理切实可行的改善路径，已成为抓住“一带一路”战略机遇的必然要求。

（3）竞争环境

市场环境不仅为企业的生存与发展提供了土壤，也对企业的成长起到了一定的制约作用。随着“一带一路”战略的实施，新疆民营企业不仅面临着来自国内企业的竞争压力，还要做好与国外竞争者争夺市场的准备。可以说，新疆民营企业所面临的竞争环境将发生重大变化，从而对其发展产生深远影响，在这场无硝烟的战场上的压力重重。当然，当前的竞争环境也为新疆民营企业带来一定的动力，它能促进新疆民营企业寻求转型并找到新的发展模式以谋求新的立足之地。

新疆帕尔拉克地毯厂在转型升级的过程中面临的竞争环境可以细分为国内竞争者和国外竞争者。

①国内竞争者

新疆帕尔拉克地毯厂发展速度很快，规模不断扩大，目前已成为全新疆最大的地毯生产厂家，占据了新疆地毯行业的半壁江山。尽管占领了广阔的市场，但地毯厂仍面临着来自内地地毯厂的不小的竞争压力，主要是来自山东企业的竞争压力。

目前，新疆民营企业在发展过程中面临着恶意竞争的威胁。从实质上来看，当前激烈的竞争会在一定程度上导致产能低下。要改善这种局面，既要靠自治区政府政策规范的进一步引导，也要依靠新疆民营企业的理性经营和市场自律。

一方面，自治区政府的相关部门尤其是行业协会应该对当前市场上的竞争状况进行深入的研究，从国家层面倡导民营企业间有序发展，在一定程度上减少盲目竞争。相关部门应该制定相关政策，解决由无序竞争产生的问题，另外政府还应降低一定的评审标准，从而在新品的审批、注册等方面给予民营企业更多的支持。

另一方面，新疆民营企业同行业之间应达成协作的意识，通过加强相互之间的协作，以提升产品在国内以及国际市场的份额和价值，从而进一步提升本地产品的影响力及地位。

当然，从新疆民营企业自身的角度来讲，除了加强传统优势产品的生产经营之外，新疆民营企业还需进一步突破研发、环保等技术问题，向高附加值产品进行转型。实质上，新疆民营企业应该抓住的重点是技术开发及产品质量。只有在技术上取得进步，才能有竞争优势；只有确保产品质量，才能得到更广阔市场的认可。

②国外竞争者

新疆帕尔拉克地毯厂生产的地毯不仅图案设计精巧，而且色泽鲜艳，深受广大消费者的青睐。帕尔拉克地毯不仅占领了疆内大部分市场，还在中亚和欧洲市场有一定的影响力。除了在国内与其他企业竞争外，地毯厂在国外市场也存在着很多的竞争者。欧洲市场对地毯的需求量很大，但其生产地毯的厂家很少，大多数地毯都要从其他地区购买。帕尔拉克地毯在欧洲市场上最大的竞争对手是土耳其的地毯商，在与土耳其地毯商的竞争中，帕尔拉克地毯处于技术和地域上的劣势。因此，新疆帕尔拉克地毯厂不断加大技术引进以生产出能满足欧洲市场需求的地毯，从而占领更广阔的市场。

（4）产业环境

随着社会经济的飞速发展，新疆民营企业面临着更加复杂多变的外部环境和日益激烈的竞争，为适应当前的市场和环境变化，寻求必要的创新和转型升级迫在眉睫。在转型升级的过程中，产业环境的不确定性会在一定程度上阻碍新疆民营企业前进的步伐。企业转型包含了产品和服务层面、经营体制和经营形态、产业整合等方面，尤其是企业产品的转型是当前民营企业最为注重的层面。企业要实现转型升级，应该把市场环境和外部产业与企业内部的经营管理和资源配置充分结合起来，以完善企业的经营体制和资源利用最大化。

新疆帕尔拉克地毯厂在转型升级过程中面临的产业环境可以从两个方面进行分析，即潜在竞争者的威胁与供应商因素。

①潜在竞争者的威胁

目前，新疆民营企业面临着更加严峻的形势，内地很多地毯厂企业正加紧在新疆地区投资建厂。正是新疆拥有的资源优势和地域优势吸引了大批企业的眼光，这能在很大程度上减少它们的成本投入。帕尔拉克地毯厂针对当前的形势也做出了应对对策，加大了对市场需求的调研以及时掌握当前的需求倾向，同时帕尔拉克地毯厂打算扩大生产规模以占领更广阔的市场。

②供应商因素

对生产加工企业来说，在原材料的采购环节中，合理采购成败的关键是对供应商的选择。采购过程不仅仅是购买原材料的过程，它还会影响产品质量、产品价值、配送成本以及后续新产品开发等多个方面。企业应该与供应商建立长期紧密的合作关系，不能经常更换原材料供应商，这样才能建立起双方的相互信任并加强沟通，从而促进双方的共同发展。优质的供应商不仅可以为企业生产经营的正常运行提供保证，还能减少企业因为缺货、配送滞后等问题带来的损失，在帮助企业提升利润空间的同时提升企业产品竞争力和生存力。

当前，新疆帕尔拉克地毯厂有固定的原材料供应商，企业生产所用的羊毛、棉花等都由相应的供应商提供。新疆拥有丰富的自然资源，其畜牧业的规模在全国范围内名列前茅，这也为地毯厂的发展提供了资源和地域上的优势。相对于其他省市的地毯厂，帕尔拉克地毯厂在原材料采购上有巨大的优势。帕尔拉克地毯在国内的市场主要在疆内，而疆内消费者的生活习惯也决定了他们对本地原材料的要求。帕尔拉克地毯厂正在策划将原材料采购与加工集于一身，实现生产的后向一体化以加快企业转型升级的进程。

随着行业竞争日益激烈，企业面临的经营风险也越来越大，其中供应商带来的风险也需要企业提高警惕。在供应商的选择中，企业面临的环境会更加复杂，企业必须合理分配资源，选择优良的供应商以避免风险。

8.4.3 新疆帕尔拉克地毯厂转型升级案例点评

帕尔拉克地毯厂作为新疆民族企业的代表，其转型升级过程值得仔细研究。企业内部良好的战略管理、品牌管理、企业家精神、技术创新管理，是其快速发展的内部支撑力量；外部的行业机会，尤其是地毯供不应求以及相关的国家支持政策和金融支持给帕尔拉克的转型升级也提供了很好的保障。所以，新疆民营企业在转型升级中，首先要练好内功，强化品牌管理、战略思维，并树立企业未来发展的远大抱负，很好地洞察和捕捉市场机会，快速发展；其次，政府要做好相关的金融、产业等政策支持，确保新疆民营企业顺利地转型升级。

8.5 新康有限公司转型升级案例研究

随着经济全球化和区域化的不断深入，世界各国和地区间的经济联系日益加强，越来越广泛地纳入国际经济发展的轨道。和平、合作与发展已成为我们这个时代的主流，在世界和平的前提下，为发展经济、提高本地区人民的生活质量，每个国家和地区都在积极寻求对外合作的机会。

中亚五国与中国新疆毗邻，近年来，由于中国改革开放政策的实施和中亚五国相继独立，加上中国“一带一路”战略的提出和实施，新疆被确立为核心区，中亚五国与中国新疆地区的合作越来越广泛，越来越深入，并且该地区正在形成一个新的令人瞩目的经济区域。

“新康有限公司”是设在哈萨克斯坦的中国独资企业，已在哈萨克斯坦落户 17 年。其番茄制品已成为哈萨克斯坦家喻户晓的知名品牌，产品连年获得哈萨克斯坦全国年度金奖和消费者信得过产品奖，在市场上供不应求，市场占有率达 20%~30%，新开发的系列产品不断赢得消费者的青睐。

一个中资企业克服水土不服等困难在海外生根、开花、结果，必然有其内在规律。沿着新康番茄制品厂 17 年来的成长和转型升级的轨迹，或许可以解读出一些鲜为人知的企业发展之道。

8.5.1 新康有限公司概况

新康有限公司是中国在哈萨克斯坦的主要中资企业之一。其国内母公司为新疆轻工业供销总公司，是新疆轻工集团的核心企业，1998 年，公司为实现从商贸流通到工业生产、从商品经营到品牌运作的两个根本性转变，决定在海外兴办实业，在哈萨克斯坦成立“新康有限公司”。

由中方独资 326 万美元兴建的新康有限公司位于哈萨克斯坦的阿拉木图市，主要生产各类番茄制品。1999 年在阿拉木图破土动工，2000 年建成并投入生产，产品已从 2000 年试生产时的 2 种发展至目前的 40

多种。种类也由原来的马口铁、软包装番茄酱产品，发展到现在的各种规格的马口铁、玻璃瓶、塑料瓶及软包装番茄酱产品，各种规格的塑料瓶、自立袋包装，6 种口味的番茄沙司深加工产品，2 种口味的自立袋、玻璃瓶装辣酱产品，还有不同规格的玻璃瓶装酸西红柿、酸黄瓜、黑加仑、红树莓、青豆等各种果蔬罐头加工产品。

2001 年阿拉木图市市长亲笔签发证书，称赞“新康有限公司为阿拉木图工业发展做出贡献”，2002 年公司被评为“哈萨克斯坦年度最佳企业”，同年在由哈萨克斯坦贸工部和农业部举办的评选中，新康公司塔塔尔味沙司获得第一名及产品开发系列化金奖；2003 年中国驻哈萨克斯坦使馆经济商务参赞处对驻哈中资企业联合年检，对新康有限公司评价为满分；2004 年，新康产品获得当地政府颁发的质量金奖；2004 年，在中亚食品博览会上辣味、蒜味、塔塔尔味沙司获得四项金奖；2007 年，新康有限公司被评为阿拉木图市优秀企业。在中亚食品博览会上，公司辣椒酱获得第一名；2009 年在哈萨克斯坦“inter food ASTANA”展览会上，公司红树莓及黑加仑果酱产品荣获金奖；2010 年新康番茄制品厂荣获总统嘉奖企业，在哈萨克斯坦阿拉木图市共和国宫举行 2010 年哈萨克斯坦年度最佳颁奖仪式，新康番茄制品厂荣获由哈萨克斯坦政府颁发的 2010 年番茄制品行业年度最佳生产企业奖；2011—2015 年新康一直是哈萨克斯坦受欢迎的外资企业，新康品牌成为当地名牌。

8.5.2 国外市场情况

番茄酱在世界上是一项大宗商品，据不完全统计，全世界番茄酱年产量在 400 万吨左右，其中番茄汁、酱、沙司等占到 60% 以上，番茄酱每年世界贸易量在 100 万吨左右。中亚地区人们生活习惯受俄罗斯影响很大，番茄制品在独联体各国有着巨大的消费市场，根据对独联体中亚各国市场调查，中亚五国（包括俄罗斯中西伯利亚地区）番茄酱每年总需求量为 15 万吨左右。

十多年来，哈萨克斯坦经济发展与改革经历了以下三个时期：进行经济体制改革，取消计划经济体制，推行私有化，国内经济形势急剧恶化的时期；经济开始独立自主，推行在独立货币体系条件下保持财政稳定和达到经济增长方针的时期；克服世界金融危机带来的消极后果并保持宏观经济稳定的时期。

哈萨克斯坦越来越重视吸引和使用外资问题。为吸引外国投资，颁布了《外国投资法》等一系列法规，实施一系列优惠政策，加强软硬件的基础设施建设，改善了投资环境，引进外资创办了一批如哈韩 LG 家电生产企业等具有国际水准和知名度的跨国合资和独资企业。

食品工业是哈萨克斯坦主要的消费品工业之一，也是一个最老的工业部门，它下属有 20 多个行业，其生产有的已降至谷底并开始回升，其余大部分则一直下降，还未降到谷底。在消费性支出比例中，哈萨克斯坦食品所占比例高达 52%，占到了总支出的一半以上。哈萨克斯坦独立后食品加工产品越来越不能满足本国消费者，哈萨克斯坦食品进口占总量的 25%~30%。要恢复和建立本国轻工业体系，任重而道远。

8.5.3 新康有限公司转型成功的原因

（1）依托一种理论

成功的实践来自于科学的理论。新康有限公司成立初始就把英国学者约翰·邓宁的国际生产折中理论，成功地运用到跨国投资实践中。在哈萨克斯坦选择境外直接投资的方式可以有效地规避东道国政府的关税壁垒和非关税壁垒引起的市场失效，提升企业的竞争力，从而使企业在境外站稳脚跟，获得充分发展。

20 世纪 90 年代初期新疆的白糖、啤酒、地膜等产品对中亚国家的出口先后一度出现产品供不应求，工厂加班生产，出口订单排队的局面，可惜大好形势只持续了短暂的几年。90 年代后期，上述每种产品从出口创汇上千万美元，萎缩到了几万美元，产品似乎是一夜之间退出了中亚市场。分析其原因，主要是因为工厂和经销商都抱着走一步看一步的思想，没有长远打算，没有及时抓住机遇，巩固市场，一旦面临竞争，则一溃千里。

新康有限公司及时分析总结了上述问题，坚持品牌战略。企业建立之初，就申请注册了自己的商标，严格按照哈萨克斯坦国家标准组织生产、储存、销售，同时尊重当地工人的合法权益，积极参与各类社会公益活动，在消费者心目中树立了良好的新康品牌形象，赢得了消费者的认可。在新疆番茄产量高速递增，大量出口，冲击国际市场的时候，选择境外直接投资的方式以有效地规避东道国政府的关税壁垒和非关税壁垒引起的市场失效，来提升企业的竞争力，使得新康有限公司得到健康长足的发展。依托一种理论，新康公司的经营主要得益于以下几点：

①当地政府的支持。从哈萨克斯坦1991年独立、脱离苏联的计划组织经济以来，一切经济的发展在政策、制度等方面都是从新开始，哈萨克斯坦一直鼓励外国对其进行直接投资，在政策上极力给予直接投资的国家和企业以最大的优惠。新康有限公司通过直接投资、在哈萨克斯坦当地生产的方式，为东道国创造了就业，引进了国际先进的技术设备，新康番茄制品厂得到了哈萨克斯坦政府的大力支持，哈萨克斯坦国家投资委员会给予新康番茄制品厂进口设备关税全免，3年所得税、财产税、土地税全免等优惠政策。

②当地消费者的认同。新康有限公司成立之初就确立了品牌建设战略。新康产品为取得当地消费者的信任，严格按照哈萨克斯坦国家标准组织生产、储存，按照当地政府有关部门的规定进行销售，使新康产品进入市场渠道畅通，物流销售网络健康合理，售后服务网络全面到位。并且新康有限公司积极参与哈萨克斯坦当地各种社会公益活动，宣传措施齐全、合理，在消费者心目中树立了良好的形象，赢得了消费者的一致认可。

③发挥了成本优势和技术优势。在国外组织生产，使新康有限公司的成本优势和技术优势得到更好的发挥。高浓度，大包装的原料进口，比低浓度，小包装的成品进口，在成本上大幅度降低。坚持科技创新，长期保持企业的技术优势成为工厂的基本战略。工厂引进的高频电阻焊设备，取代了哈萨克斯坦食品罐头行业目前普遍采用的锡焊三片罐，从技术角度来说要先进一代。企业目前拥有一项发明专利，两项实用外观设计专利。

（2）立足两种资源

当今世界经济的发展，要求我们必须勇于和善于参与经济全球化的竞争，充分利用好国外和国内两种资源、两个市场，优化资源配置。坚持以科技兴贸、以质取胜、大经贸、走出去和市场多元化战略，在不断优化进出口结构的基础上，努力扩大对外贸易规模。

①国内市场、国内资源

新疆具有得天独厚的自然条件，果蔬资源丰富，有番茄、辣椒等上百个品种，是世界及我国最重要的加工番茄产业基地之一。新疆番茄制品以大桶酱等包装原料酱出口为主，受国际市场影响较大，也相对制约了番茄产业的发展以及与之相关的当地经济的持续增长。

现今的番茄加工已成为高产、优质、低耗的连续化生产，其多效真空浓缩技术与先进的瞬时高温杀菌及无菌包装技术的完美结合，带来了高质量、高档次的产品。番茄制品是一种基本食品配料，不但营养丰富、美味可口，适用面也很广，因此成为全世界人们膳食中不可缺少的一部分。近年来，随着国内经济的发展，人们的食品结构发生了根本的转变，消费水平不断提高。在果蔬加工品的需求方面，已从过去单纯追求美味而向天然营养、保健型发展，在食品方面崇尚绿色食品、天然食品。

番茄酱在世界上是一项大宗商品，是世界各国重要的食品及食品工业的原料，大包装番茄酱是加工小包装番茄酱、番茄汁、番茄沙司等的原料。据不完全统计，全世界番茄制品每年产量在 400 万吨左右，其中番茄沙司等深加工产品占到 60%，番茄制品每年的世界贸易量在 150 万吨左右，而我国番茄制品较单一，主要集中在新疆，每年产量在 85 万吨左右，产品的 90%为 220 千克的大桶包装及木箱包装，产品多以原料出口，附加值低，创汇能力低，受国际市场影响大。

而新康公司采用铝箔自立袋、马口铁等小包装形式生产的各类番茄产品，畅销中亚各国，公司的“新康”品牌得到了中亚市场的广泛认可，具有良好的品牌声誉和稳定的市场，这在一定程度上带动了新疆番茄产业的发展。

新疆番茄酱以视野霉菌数少、色泽鲜艳、口感好等特点，被国外公认为优良产品。经过近十年的发展，终于成为继棉花之后新疆又一大宗出口产品。到 2005 年，全疆拥有番茄酱生产企业 50 余家，形成年生产能力超过80万吨，新疆成为全国乃至世界重要的番茄酱供应地。

辣椒是人们喜食的一种调味品，既有增味效果，又有添色增香的作用，国内外许许多多的名菜佳肴，辣味辣色就是其主要特色。辣椒营养价值很高，堪称“蔬菜之冠”。据分析，它含有维生素B、维生素C、蛋白质、胡萝卜素、铁、磷、钙，以及糖等成分。每千克辣椒中含维生素C1 050毫克，比茄子多35倍，比西红柿多9倍，比大白菜多3倍，比白萝卜多2倍。人们如能经常少量食用，对增加食欲，保障身体健康，大有益处。可以促进唾液分泌和淀粉的活性酶，并具有杀菌的作用。辣椒还具有通经活络、活血化瘀、驱风散寒、开胃健胃、补肝明目、温中下气、抑菌止痒和防腐驱虫等作用。辣椒已成为人们一日三餐不可或缺的佐料。2003年，全国出口辣椒酱8.3万吨，2004年全国出口辣椒酱7万吨，主要出口国家为新加坡、马来西亚、缅甸、阿联酋及日本等国家，其人均消费量大于3千克。

中国、韩国、日本是辣椒酱的主要生产国。据统计，韩国和日本的辣椒酱年产量超过20万吨，中国更是全球辣椒酱的头号生产大国，在这三个亚洲主产国的推动下，辣椒酱至少在50多个国家畅销。

目前，中亚地区市场上辣椒酱产品的主要产出国为美国、土耳其、伊朗、中国等，一般采用玻璃瓶及塑料瓶的包装，如中国的丁丁、博湖牌辣椒酱。哈萨克斯坦市场调味番茄酱及辣椒酱来自土耳其、伊朗、中国、俄罗斯、意大利及美国等，在超市及批发市场普通品牌的产品主要来自伊朗及中国，其中比较高档的品牌有：土耳其的“tat”及美国的“fooddon”，其价格较高；新康番茄制品厂的产品属于中档产品，价格略高于其他中国公司的同类产品。

新疆特色农业资源十分丰富，番茄、辣椒是红色产业中的重点，新疆番茄产品附加值低，受国际市场影响较大。因此，我们要坚持依托特色资源优势，走特色经济之路，大力推进特色农业资源产业化，使其成为新疆番茄辣椒制品产业发展的一个新的增长点。

②国外市场、国外资源

中亚五国包括哈萨克斯坦、乌兹别克斯坦、土库曼斯坦、吉尔吉斯斯坦和塔吉克斯坦，居民总数达5 600万，总面积接近400万平方公里，2015 年五国 GDP 经济保持快速发展。随着中亚各国经济的发展，资源的大量开发，人民生活水平的提高及人口的增加，对各类深加工的蔬菜罐头需求量越来越大，预计 3~5 年内调味辣椒酱及番茄酱的需求量将有大的增长。

哈萨克斯坦居民总计约为 1 700 万人，国内共有 130 多个民族、14 个州、2 个直辖市，消费习惯与新疆相似，2014 年人均 GDP 达到了 1.23 万美元，蔬菜瓜果人均年消费为 75 千克。据新康番茄制品厂市场调查，在哈萨克斯坦几个大城市，其产品在大城市占有量在 20%~30%，而中小城市占有量在 10%~15%，平均约占 20%左右。

中亚地区人们生活习惯受俄罗斯影响很大，番茄制品在独联体各国有着巨大的消费市场，根据对独联体中亚各国市场调查，中亚五国包括俄罗斯中西伯利亚地区番茄酱年总需求量超过 15 万吨左右，随着与独联体各国经济贸易合作的不断扩大和深入，为新疆进一步开发中亚番茄酱市场创造了良好的机遇。

新康有限公司正是利用国内的资源优势和中亚的市场空间，本着“荣辱与共，百年新康”的创业经营理念，通过在哈萨克斯坦进行大桶番茄酱的深加工，提高了产品的附加值，满足了中亚消费者的需求，促进了企业的快速发展。

目前，食品加工业已成为中国第一大产业，据国家权威部门统计，近 10 年来，食品工业的年均发展增长速度为 10.2%。随着经济发展和城镇居民收入的提高，中国“恩格尔系数”逐渐降低，食品消费结构显著改善，食品消费量呈上升趋势，食品与包装机械制造业也随之发展，目前，中国的包装机械在产品质量、生产速度、自动化控制等方面完全可与欧洲产品相媲美。据不完全统计，我国的食品与包装企业现共有 4 000 多家，其中食品机械企业占 1 900 多家，产值 135 亿元。食品与包装机械行业中产值超过 5 000 万元的企业有 50 多家。罐头工业是新中国成立以来发展起来的新兴工业，至今已成为食品工业主要行业之一。新中国成立 60 多年来，我国罐头食品年总产量合计已超过 4 000 万吨，其中出口罐头总量约 2 000 万吨，出口创汇合计超过 150 亿美元，为我国工业食品出口创汇之首。

我国目前罐头食品生产总量约占国际生产总量的4.5%，出口量约占我国出口量的10%，消费量只有发达国家的几十分之一，我国农副产品资源非常丰富，随着国内人民生活水平不断提高，罐头食品发展前景十分广阔。目前生产的罐头食品有不少门类，如婴儿副食罐头、汤品类罐头、调味料罐头、功能性食品罐头等。

由于工厂本地化，“新康”牌番茄制品已经被当地老百姓认可，并得到哈萨克斯坦政府、农业部、国家投资委的关注和关心，使得该厂得到许多优惠政策。目前，产品在哈萨克斯坦呈现供不应求的局面，公司积极商讨更好的途径去解决市场供应不求的局面，充分利用国内外资源优势的结合，依靠目前国内现有丰富的人力资源优势，又在中国新疆乌鲁木齐国家经济开发区乌鲁木齐出口加工区兴建起了年产2 500吨的新厂房。两个厂房，一个在哈萨克斯坦阿拉木图，一个在中国新疆，像两颗希望的种子，如今已在两国长成友谊之树，结出了累累果实。

（3）狠抓内部管理

新康公司在多年的管理经验中，逐步完善公司的管理体系，实行扁平化的组织结构，从而加快信息传递速度，使决策更快更有效率；人员减少，使企业成本更低；企业的分权得到了贯彻实施，每个中层管理者有更大的自主权来进行更多决策。

1997—1998年，新康有限公司工作的重点是办理国内外有关部门的批准文件。新康有限公司提出“老老实实做人，踏踏实实做事”的工作原则，委派在设计研究单位和政府部门工作的同志任项目负责人，按规范化的要求，办理了完整的国内国外投资手续，历时近1年。自治区轻工业厅、自治区外经贸厅、自治区计委、自治区外汇管理局、国家计委、国家外汇管理局、国家外经贸部等部门先后对项目进行了审查和批复，哈萨克斯坦阿拉木图市建设、环卫、消防、警察局等11个部门也对项目进行了审查和批复。磨刀不误砍柴工，项目前期扎实的基础工作，避免工作中走回头路，更重要的是为项目的实施运营提供了法律的保障。

1999—2000年，新康有限公司主要工作是基础设施建设和设备安装工作。新康有限公司提出“集体决策，分工负责”的工作原则，选派年轻的擅长经营的同志作为公司的总经理，充分发挥年轻人大胆开拓、不畏困难的优势，同时通过集体决策，弥补大家的不足。大家吃在一起，住在一起，有问题不过夜，有麻烦群策群力。短短的时间内，新康有限公司以超常的工作效率和顽强的工作作风，克服了国外语言的障碍、生活的不便、建筑材料的匮乏，终于在2000年初，使工厂建成并试生产。

2001—2004年，新康有限公司开始正式的生产经营阶段，公司提出“两权分离，独立经营”的工作原则，选用了懂外语有长期国外工作经验的同志担任公司总经理。国内董事会制订年度销售计划、年度生产计划、年度资金计划，同时将计划分解到季度和月份，建立了每日简报、每周周报的信息交流制度，使董事会从宏观上把握住公司的发展，从微观上及时了解到公司的经营情况。新康经营班子在总经理的领导下，以董事会的各项计划为目标，在公司管理制度的约束下，充分调动中哈双方员工的积极性，根据市场的需求，及时调整产品品种，采取灵活的促销手段，扩大销售，提高产品的市场占有率，目前新康产品在哈萨克斯坦的市场占有率在20%~25%，企业步入良性发展的轨道。

2005—2007年主要为产品开发、品质及密集型的增长方式，稳步发展的阶段，产量、销量、各项经济数据较往年有大幅度提高。新康公司以生产各类番茄制品为基础，逐步开发了红树莓、黑加仑等果酱，黄瓜、青豆、番茄等各类果蔬罐头，增加了公司的产品种类，为公司今后的发展拓宽了道路；同时工厂由过去年产5 000吨产品扩大到年产10 000吨；公司的产品也产生了一定的品牌效益，“新康”品牌产品是新疆名牌产品，新康有限公司也是国家商务部推荐的中国出口名牌企业。

2008年至今，公司的主要任务是营销网络的建设、市场的开发、突显品牌的效应，公司将立足目前在哈萨克斯坦的市场，向中亚其他国家进行产品的出口，逐步扩大产品市场，建立完整的营销网络，目前部分产品已经出口至吉尔吉斯斯坦，并得到了当地消费者的认可，通过企业在国外已经形成的完善的销售网络，采用新型包装材料，按照中亚消费者喜爱的配方，运用先进的工艺技术，对番茄酱、辣椒酱和蔬菜进行深加工，可以较大地提高全区工业产品的出口创汇能力和国际市场竞争能力。

（4）实施四化战略

为了缩小与哈方员工之间的文化差异，最大限度地减少内耗，新康有限公司努力实现公司员工本地化、财务管理电算化、销售市场网络化和产品的系列化、口味本地化等“四化”战略，这也成为跨国食品企业成功的法宝。

首先，是公司员工本地化。2000 年企业员工 48 人，其中管理人员 8 人，全部由中方派出，工人 40 人，在当地聘用；2001 年企业员工 68 人，其中管理人员 10 人，中方派出 7 人，当地人员 3 人，主要负责车间生产、办公室工作和市场开拓；2002 年企业员工 110 人，其中管理人员 14 人，中方派出 8 人，当地人员 6 人，执行经理、车间主任、工厂成本会计均由哈方人员担任。2014 年企业员工增长到 187 人，其中中方派出管理人员 10 人，哈方派出管理人员 8 人，工人 169 人，执行经理由中方员工担任，其余各岗位由哈方和中方员工共同进行管理，中方管理人员的职能由建厂时期的执行转为以制订计划、监督实施为主。同时尊重当地工人的合法权益，积极参与各类社会公益活动，增强了企业的社会知名度。提到本公司坚持走专业化道路时，努力提高产品在哈萨克斯坦的定位。

其次，是财务管理电算化。为规范企业财务活动，新康有限公司强力推行财务管理电算化。建厂时期资金大量支出，新康有限公司中哈双方同时记账，以避免疏漏。工厂正常生产经营后，新康有限公司要求各项支出，必须通过规范的财务审批程序，费用报销一支笔。财务软件按哈萨克斯坦政府部门的要求安装，每月按时向国家统计局、税务局申报各项经营指标。通过电算化，新康有限公司将所有经营过程如实地记录下来，规范了经营行为，提高了现代化管理水平。实施完整意义上的电算化，包括进销存等内容，使中哈管理人员拥有了客观的标准，也可以说是共同的语言，从而减少语言交流的误差，避免了手工操作的出错与疏漏，提高了工作效率，加快了信息交流，为决策提供及时可靠的数据，同时降低了由于人员流动给工作带来的负面影响。

再次，是销售市场网络化和产品的系列化。在市场激烈竞争下，市场营销的作用非常突出，为使产品迅速抢占市场、扩大市场份额，新康有限公司开展了大量的广告宣传活动，主要有：每逢节假日，促销小组就会走上街头，在各大超市、广场进行新产品的品尝、宣传活动；在阿拉木图有线黄金时段，播放产品电视广告；一些地州的商场或广告宣传栏可看到新康产品的宣传资料；为了加大促销力度，公司发送印有“新康”标志的 T 恤衫、手提袋、圆珠笔、价格签、太阳伞等广告用品；为了更好地了解和满足消费者的需求，及时沟通市场信息，工厂组织市场问卷调查，为产品开发提供参考资料；在阿拉木图市区，部分街道可以看到印用新康图片的路牌广告及车体广告。物流网络就像企业的血管，是否拥有快捷、高效的物流网络，决定了企业在市场竞争中能否生存发展。新康有限公司通过与销售代理商的合作，已经建立起遍布哈萨克斯坦 14 个地州的销售网络，初步实现销售市场的网络化。

最后，是口味本地化。公司一直在探索适应本地口味的产品，市场逐渐扩大。2002 年的时候，生产番茄酱只有 3 010 吨，2013 年已经达到 15 913 吨；2002 年公司销售 2 662 吨番茄酱，到了 2014 年，销售已经达到 14 148 吨。在近几年的生产经营中，工厂的产品已从 2000 年的 400 克马口铁装番茄酱、50 克软包装番茄酱两种产品发展到 2014 年的 350 克玻璃瓶装的塔塔尔味、蒜味、番茄味、辣味、烤肉味、保加利亚味六种口味的番茄沙司，750 克瓶装的甜味、咸味两种口味的番茄汁，1 000 克玻璃瓶装番茄酱，共 11 个品种的产品。2014 年工厂又开发出 150 克自立袋包装的蒜味、番茄味、辣味、烤肉味四种口味的番茄沙司，330 克、350 克两种规格马口铁装的番茄酱，330 克新康专用玻璃瓶装的塔塔尔味、蒜味、番茄味、辣味、烤肉味、保加利亚味六种口味的番茄沙司，525 克、700 克两种规格玻璃瓶装番茄酱，三大类 21 个产品品种，2012 年工厂开发出 220 克黑加仑、红树莓果酱，220 克番茄酱、辣椒酱，700 克玻璃瓶装黄瓜罐头，目前工厂共有四大类 32 个品种的产品，实现了产品的系列化、口味当地化开发。

（5）科技创新与品牌战略

自主创新能力是一个企业竞争力的核心。一个企业只有拥有强大的自主创新能力，才能在激烈的国际竞争中把握先机、赢得主动。

自主创新从内容上包括三方面的含义：一是原始性创新，即通过科研和开发，努力获得更多科学发现与技术发明；二是集成创新，即通过各种相关技术成果融合汇聚，形成具有市场竞争力的产品和产业；三是引进技术消化、吸收和再创新：在积极引进国外先进技术与设备的基础上，进行充分的消化吸收和再创新。

自主创新在过程上包括两个方面，一是知识创新，二是技术创新。知识创新着重对自然界的研究并获得新发现，具有基础性特点，主要以大学和科研院所为主体；技术创新则着重将基础科学研究成果转化为技术服务人类，强调成果的应用性，它往往以企业为主体。知识创新和技术创新的有效衔接就在于两个创新主体的有机结合。就是说，作为技术创新的主体的企业主动向高校和科研机构进行投入或者提出所需要的带有产业化的科研方向，以获取原创性成果，实现原始创新。作为知识创新主体的高校和科研机构主动参与技术创新过程，用知识创新成果解决其技术创新的难题，主动将知识创新成果在企业转化。

新康有限公司就是顺应时代要求，积极搞自主创新。公司自 2005 年在国内另建厂房开始，就投入大量人力物力到科技研发中去，目前国内中亚食品研发中心有研究开发人员 30 人，全部为大专以上学历，直接从事研发人员占企业职工总数的 13%，企业具有良好的技术装备和研发条件，与哈萨克斯坦食品工业设计院、新疆轻工设计研究院、新疆农业大学等科研机构有长期的良好合作关系。

企业经过几年的努力，产品已通过自治区经贸委新产品鉴定、自治区科技厅高新技术产品的认定、高新技术企业的认定，获得乌鲁木齐市科技进步三等奖，取得一项发明专利及四项外观设计专利。企业为保证产品质量，积极进行各类认证，德国 DQS 认证中心进行的 ISO9001 质量管理体系认证；中国质量认证中心进行的 HACCP 认证、QS 食品安全认证、ISO14001 环境管理体系认证、ISO18000 职业健康安全管理体系认证。企业产品也通过了绿色食品认证、犹太认证和清真食品认证。

同时，创业起就坚持品牌战略。企业初建，就申请注册了自己的商标“цни-каз”。在哈萨克斯坦按照该国标准组织生产，按照该国政府有关部门的规定进行储存、销售，使新康产品渠道畅通，很快进入市场，并在消费者心目中树立了良好的形象，赢得了消费者的认可，销售量直线上升。“新康”利用国内成熟的小包装灌装生产线在哈萨克斯坦进行大桶番茄酱的深加工，提高了产品的附加值，满足了中亚消费者的需求。目前，企业拥有一项发明专利，两项实用外观设计专利。

另外，公司不断强调以质取胜，保证质量，做好售后服务，目前新康公司拥有涵盖哈萨克斯坦 14 个地州的物流销售网络和售后服务点。公司诚信的作风，好的质量产品加上好的宣传措施，使得新康品牌在哈萨克斯坦深得人心。

新疆红色产业长期停留在原料粗加工阶段，新康牌调味酱系列产品的研发、生产、销售，为进一步延伸新疆红色产业链、提高产品附加值、提升新疆红色产业的国际竞争力起到了很好的示范作用。

8.5.4 新康有限公司转型升级案例点评

新康有限公司是一家典型的天生全球化企业，其出生就在国外，但是并没有水土不服，且在哈萨克斯坦获得当地政府和市民的高度认可。可以说新康公司是一家直接在国外投资、当地化经营、成功转型的企业。我们通过案例分析仍然可以看到，这类企业的立足和发展，最关键因素还是企业内部的各项管理：依托邓宁的国际生产折中理论，依托国内外市场的战略思考、规范化的内部管理、“四化”管理（公司员工本地化、财务管理电算化、销售市场网络化和产品的系列化、口味本地化）、科技创新和品牌管理。当然在新康有限公司快速发展的过程中，我们也可以看到市场供求状况、政府的支持等外部环境因素对企业发展也有很大的影响。

参考文献

[1] Blyler M, Coff R W.Dynamic capabilities, social capital, and rent appropriation: ties that split pies [J]. Strategic Management Journal, 2003, 24 (7): 677-686.

[2] Barney J.Firm resources and sustained competitive advantage [J]. Journal of Management, 1991, 17 (1): 99-120.

[3] Eisenhardt K M, Martin J A.Dynamic capabilities: what are they? [J]. Strategic Management Journal, 2000, 21 (10-11): 1105-1121.

[4] Penrose E.Theory of the growth of the firm [M]. London. John Wiley &Sons, 1959.

[5] Porter M.Competitive strategy [M]. New York: Free Press, 1980.

[6] Prahalad C K, Hamel G.The core competencies of the corporation [J]. Harvard Business Review, 1990, 63 (3): 79-93.

[7] Rumelt R P.Diversification strategy and profitability [J]. Strategic Management Journal, 1982, 3 (4): 359-369.

[8] Teece D, Pisano G.The dynamic capabilities of firms: an introduction [J]. Industrial and Corporate Change, 1994, 3 (3): 537-556.

[9] Teece D J, Pisano G, Shuen A.Dynamic capabilities and strategic management [J]. Strategic Management Journal, 1997, 18 (7):

509-533.

[10] Salunke S，Weerawardena J，McColl- Kennedy J R.Towards a model of dynamic capabilities in innovation- based competitive strategy: insights from project- oriented service firms [J]. Industrial Marketing Management，2011，40 (8): 1251-1263.

[11] Wernerfelt B.A resource- based view of the firm [J]. Strategic Management Journal，1984，5 (2): 171-180.

[12] 程海. "新康"食品促销中亚 [N]. 农民日报，2011-02-23.

[13] 陈辉华. 工程总承包企业动态能力形成及作用机制研究 [D]. 长沙: 中南大学，2011.

[14] 程惠芳，陈旺胜. 工业行业龙头企业文化发展调查 [J]. 浙江经济，2010 (8): 27-28.

[15] 丁宇，刘正刚，李文胜，等. 企业家社会资本视角下企业动态能力的形成机制——基于新疆XHF农化公司的案例分析 [J]. 新疆财经，2015 (4): 34-40.

[16] 杜群阳，项丹，俞斌，等. 中国工业经济转型升级研究——2011《中国工业经济》青年作者学术研讨会观点综述 [J]. 中国工业经济，2011 (10): 27-36.

[17] 段秀芳，吴微. 特变电工面向中亚市场"走出去"的成功经验与启示 [J]. 伊犁师范学院学报: 社会科学版，2014，33 (2): 60-65.

[18] 高建华. 赢在顶层设计: 决胜未来的中国企业转型、升级与再造之路 [M]. 北京: 北京联合出版公司，2015.

[19] 高志刚. 新疆农业产业化龙头企业发展研究 [J]. 新疆农垦经济，2014 (5): 55-59.

[20] 郭元珍，孙雅. 新疆本土企业低碳成长影响因素及对策研究 [J]. 新疆社会科学，2014 (6): 45-50.

[21] 何玲，王玉召，骆晓华. 一带一路将如何改变新疆 [J]. 大陆桥视野，2015 (5).

[22] 贺小刚，李新春，方海鹰. 动态能力的测量与功效: 基于中国经验的实证研究 [J]. 管理世界，2006 (3): 94-103.

[23] 胡挺，胡素芬. 我国家具企业海外并购经济后果研究——基于美克股份收购美国Schnadig公司的案例分析 [J]. 现代管理科学，2010 (2): 42-44.

[24] 黄鸣鹏，户国栋，高照军. 新常态下互联网产业推动传统企业转型升级的路径与机制 [J]. 管理现代化，2015，35 (5): 21-23.

[25] 霍彬. 企业动态能力的演变研究——基于特变电工持续成长的案例 [J].

管理案例研究与评论，2013（1）：21-31.

[26] 霍彬，周燕华．企业持续成长与关键动态能力演化——以特变电工股份有限公司为例［J］．新疆财经，2013（1）：36-41.

[27] 辜胜阻，杨威．“十二五”时期中小企业转型升级的新战略思考［J］．江海学刊，2011（5）：81-88.

[28] 孔伟杰．制造业企业转型升级影响因素研究——基于浙江省制造业企业大样本问卷调查的实证研究［J］．管理世界，2012（9）：120-131.

[29] 李季鹏，梁渊．资源基础观视角下新疆小微企业成长的途径［J］．新疆财经，2014（2）：29-36.

[30] 李季鹏．低碳突围——中国OEM企业转型升级战略研究［M］．北京：企业管理出版社，2013.

[31] 李锐．我国民营企业转型升级的路径选择及建议［J］．亚太经济，2013（4）：106-110.

[32] 梁玲，刘鲁浩，张为四，等．基于轻资产与价值链延伸的商业模式转型：新疆煤炭企业数据分析［J］．河南财政税务高等专科学校学报，2015（6）：22-27.

[33] 梁渊，李季鹏．成长经济视角下新疆民营企业发展路径研究［J］．企业经济，2015（1）：154-158.

[34] 刘琳秀．“一带一路”背景下新疆面临的机遇和挑战［J］．经济论坛，2015（4）：41-43.

[35] 路永华．我国中小企业转型升级研究综述［J］．管理观察，2014（2）：24-25.

[36] 罗珉，刘永俊．企业动态能力的理论架构与构成要素［J］．中国工业经济，2009（1）：75-86.

[37] 毛蕴诗，张伟涛，魏姝羽．企业转型升级：中国管理研究的前沿领域——基于SSCI和CSSCI（2002—2013）的文献研究［J］．学术研究，2015（1）：72-82.

[38] 南晓芳，杨旻，王益民．基于四维视角的新疆企业国际化进程研究［J］．新疆财经，2015（3）：20-30.

[39] 邱红，林汉川．全球价值链、企业能力与转型升级——基于我国珠三角地区纺织企业的研究［J］．经济管理，2014（8）：66-77.

[40] 宋华，于亢亢，冯云霞．制度创业：制度压力和组织合法性间的桥梁——对特变的案例研究［J］．管理案例研究与评论，2013（3）：165-177.

[41] 苏小平．动态环境下新疆中小企业发展思路［J］．合作经济与科技，2014（24）：14-15.

[42] 王海芳．新时期促进新疆民营企业发展的举措［N］．新疆日报，2015-05-21.

[43] 王海芳．新疆企业转型升级与创新发展路径与对策研究［C］//新疆企业发展报告2015.乌鲁木齐：新疆经济出版社，2015：12.

[44] 王玉梅．中国企业转型升级的若干技术创新问题研究［M］．北京：企业管理出版社，2014.

[45] 熊勇清，陈江勇．传统企业转型升级影响因素认识的差异与启示——“政、企、银”视角的比较［J］．经济经纬，2013（2）：83-88.

[46] 新疆维吾尔自治区社会科学院，企业联合会企业家协会．新疆企业发展报告2014［M］．乌鲁木齐：新疆人民出版社，2014.

[47] 严卫国．谁剃光了企业的利润？——中小企业转型升级之路［M］．杭州：浙江大学出版社，2012.

[48] 加拉力丁．新疆少数民族企业盈利模式研究——以新疆阿尔曼集团公司为例［J］．黑龙江民族丛刊（双月刊），2014（3）：69-73.

[49] 张新．立足新疆“核心区”建设，打造世界级企业集团［J］．新疆社科论坛，2015（3）：26-28.

[50] 张伟群．民营能源企业海外并购的风险控制策略探究——基于广汇能源并购TBM案例分析［J］．山东社会科学，2014（5）：116-118.

[51] 曾彦．观念决定思路、创新决定发展——美克美家软装设计管理对中国软装设计行业发展的启示［J］．现代装饰（理论），2013（3）：196.